国際教養が身に

正面教养

亲子共读，妈妈有眼界，孩子就有大格局

[日]**山崎红**（Akashi Yamazaki） 著　　崔　磊译

江苏人民出版社

致手中拿起这本书的各位

"国际教养""全球化应对力"——是耳熟能详的词语吗？"好像很难，怎么回事？"好像总能听到这样的声音。是指了解世界各国吗？是指学习英语和其他外语吗？虽然两个都是正解，但不仅如此。在这本书中，我想对你说的是，每个人都能成为活跃在世界中的人，为此，要更加注重世界，拓宽自己的世界，好好地持有自己的想法去行动。

世界上有各种各样的国家和地区，住着各种各样的人。不管你将来在哪里，做什么工作，怎样活下去，你是广阔世界的一员这件事都不会改变。"我是广阔世界的一员"，怎么也不会产生这种想法的人也有的吧。在自己出生成长的小城镇里，和家人以及经常在一起的朋友，每天过着毫无变化的生活，自己的世界就只有那里。但是，其实，每个人都存在于广阔的世界里。

在你长大成人的时候，世界会变得更加触手可及。比现在更快速，更便利，更容易去往外国，即使不去外国，也使用互联网等技术，与世界上的人们自由交流合作，变得更加顺理成章。思考世界，活在世界上，已经不是什么特别的事情了。

"世界真广阔啊""说外语好像很开心""还想知道日本的事情、世界的事情""从能做到的事情开始做做看吧"——如果拿着这本书的大家，能有这样的感觉，让这本书成为迈向世界的契机，我想我会非常高兴。

作者 山崎 红

在本书中，好友二人组的雷伊和真子，从伦敦搬来的辛蒂，一边向仁老师请教，一边学习着各种各样的事情。

雷伊
怕麻烦的男孩子。
一旦认真起来会发挥很强大的力量。
虽然嘴上不说出来，
但实际上比较依赖真子。

请多多关照！

初次见面

真子
坚持不懈、勤奋好学的女孩子。
看似像被雷伊任意摆布一样，
其实，一直在帮着雷伊。

辛蒂
因为父亲工作关系从伦敦搬
过来的英国女孩。会说一点
日语。

你好♪

一起试试吧。

仁老师
三人遇到困难时帮助他们的老师。
虽然他很亲切地进行指导，但会
说"考虑一下吧""试试看吧"等。
我认为自己思考后再行动是很重
要的。

皮皮
仁老师养的松鼠。
有时也会替代仁老师来
传达他给出的建议。

嘿嘿♪

目录

第3章 了解一下日本

第4章 了解一下其他国家吧

第 **5** 章　开始对话吧

纵览广阔的世界吧

世界是什么呢？
你觉得远方的外国没关系吗？
不管现在身在何处，
我们每个人都存在于广阔的世界里。
那么，让我们看看广阔的世界吧！

什么是全球化？

雷伊！太好了，找到了。辛蒂，这孩子是雷伊哦。

嗨♪雷伊！

唉？唉？谁？外国人！

哎——你好♪"请多关照"用英语怎么说？

吓了一跳吧？没关系，辛蒂也能懂一点儿日语。

上午好，请多关照。

什么啊！请多关照♪你怎么了？

搬到我家旁边来了。听说学校也变得一样了。

雷伊，真子！哎呀？初次见面吧？

啊，仁老师！你好。这是辛蒂。

因为爸爸的工作关系，她来自英国。

辛蒂，这位是仁老师。

初次见面。

请多关照。

辛蒂的日语很好啊！

学习过吗？好厉害啊。

看样子交到了一个好朋友啊。

雷伊和真子，会成为关于全球化思考的契机吧。

全球化？

到底是什么意思？

所谓**全球化**，是"世界的""世界性"
"超越国境的地球全体"的意义。

全球化，用英语写是 global，也有"圆圆的"的意思。
也就是说，像球一样的圆形物体。

圆形物体……啊！
地球也是圆形的啊♪

全球化是指把地球全体
看作是圆形物体就好。

不仅仅是自己的国家，

地球全体也能考虑到的人，**国家、地域、**
人种、文化不同的人们，

通过交谈，**相互理解的努力，**

能在一起做些什么的人，

我们就说他具备**"全球化的应对能力"**。

通过地球全体来思考的方式你能理解吗？
如果只考虑自己的国家，给其他国家添麻烦的话，
会扰乱整个地球的和平吧。
考虑地球全体的时候，自己怎样做才好？
能这么想的人，是具有全球化应对能力的人。
对今后成为大人的大家，是很重要的力量。

这也是大家身边的事啊！
垃圾分类，节约电力，不仅仅事关自己
的国家，也关联到保护整个地球的环境。
那也是关于整个地球的思考。
如果全球化思考的人增加的话，世界会
变得更加容易居住。

辛蒂从英国来到日本，就这样，国家、地区、人种、文化都不同的我们，马上成为了朋友。
具备全球化应对能力。
英语和日语都能说的话还真厉害。

会说其他国家的语言的话，很容易成为朋友。
但是，雷伊是第一次和辛蒂见面的时候，即使不会说英语也马上能说「Hello」！
不仅仅是能否说外语，想要互相理解的心情也是全球化应对能力不是吗？

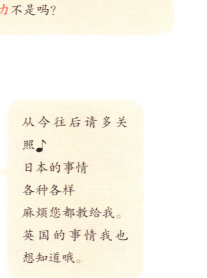

从今往后请多关照♪
日本的事情
各种各样
麻烦您都教给我。
英国的事情我也想知道哦。

我们的世界有多大？

 全球化，是地球全体、世界的意义吗？

虽然关于地球全体思考起来，还不太明白。

不过，和国家、地区、人种、文化都不同的人们一起做些什么？

在世界上大显身手的事情？

那，就是憧憬！

就好像运动员、好莱坞电影里的演员啊。

设计师、作词家、作曲家、美术家也是如此！

日本的漫画，我非常喜欢♪

辛蒂，你知道日本漫画吗？

漫画家中也有在世界上大显身手的日本人。

掌握全球化应对能力的话，就能在世界范围内活跃吗？

我出生在这座城市，除了这座城市以外没有在别的城市居住过。

就算被称作世界，也无法准确把握。

是啊。3个人也好，对自己来说的世界，现在有多大面积呢？

对自己来说的世界是什么？因人而异吗？

这到底是怎么回事？实在难以理解。

那么，一起来思考这个问题吧！

对自己来说的世界是什么？
是指自己就存在于其中，
并认为有关系的国家和地域。

不仅限于现在居住的国家和地区，以前住过、去过的地方也行。
家人、亲戚、朋友居住在这里，对有兴趣并正在了解的国家和地区，比起不知道的地方，更能感觉到亲近吧。
即使没有去过，但如果觉得就在身边的话，那对于自己来说就是一个世界。

我们每天在学校、班级里生活。
那样的团体，对我来说也是世界。

像这样涉及的国家、地域、团体有很多的人，对他自己来说，世界是广阔的。
具备全球化应对能力的人，对自己来说世界就很宽广哟！

和我相关的地域——日本国内

和我有关的地区
● 我写下来了！

札幌
小樽
函馆
全家去三个地方旅行了

Tomamu
和爸爸一起滑雪的地方

京都
全家去旅行
最喜欢了
通过书本进行学习

藏王
和爸爸一起滑雪的地方

东京
成长起来的地方
父母的出生地

神户
虽然没有去过
但有亲戚居住的地方
经常从堂兄弟那里听
到的地方

横滨
经常和家人外出
的地方

博多
亲戚住在那里的地方
曾经去过的地方

奈良
爸爸的出生地
每年正月去的地方
放暑假去的地方

东京
出生成长的地方
母亲的出生地

对我来说
有关联的地区
● 都写下来了哦

相关联的地区——世界各国

生长在**英国·伦敦**

法国·巴雷伊
什么时候想去的地方
读书学习的地方

去**意大利·罗马**
进行家族旅行

对我来说
有关联的地方
就是●这个东西♪

日本·东京
现在住着的地方

日本·东京
出生成长的地方

日本·东京
出生成长的地方

美国·纽约
父亲工作过的地方

美国·波士顿
父亲在此留过学

雷伊是●，而我是●哦。
虽然没有去过外国。
想去法国·巴雷伊看看♪
巴雷伊的凡尔赛市，听说是父亲的出生地，
还是奈良市的姐妹城市！

自己加入的团组

总是在一起的，是家人、学校班级里的大家吧。
在学校以外，我加入了镇上的足球队。
也有游泳学校的小伙伴呢。

- 家人
- 亲戚
- 青梅竹马的朋友
- 学校的班级
- 学校学生会
- 学校的电脑部
- 镇上的足球队
- 游泳学校

- 家人
- 亲戚
- 青梅竹马的朋友
- 学校的班级
- 学校新闻委员会
- 学校科学部
- 绘画教室

我大概是学校以外的绘画教室吧。
在那里，不同学校的孩子，不同年级的孩子，关系都很好。

从今往后，我也要进入日本的学校、班级了呀♪

- 家人
- 亲戚
- 青梅竹马的朋友
- 在伦敦上学时的班级

加入的团体多的话，会结识各种各样的人，交谈的事也会增加，知道和自己不同的想法，说不定会有新的发现。

不仅仅是学校班级的朋友、年长的人、年少的人、不同学校的人，和各种各样的人成为朋友，对自己来说世界就会变得宽广♪

试试看吧！
对自己来说的世界是？
试着思考一下有关联的地方和团体吧。

你也来思考一下和自己有关的地方和团体有多少。
你的世界有多大？
像雷伊、真子、辛蒂一样，想在地图上写出来的人，
下面的链接里准备了地图，下载后再用吧♪
http://ec.nikkeibp.co.jp/item/books/P95790.html

世界的中心在哪里？

即使没有去过世界各国和各地区，从各方面调查知道的事，它们也许就会变得感觉触手可及了。

每天生活的中心是学校，不过，得进入学校以外的地方。如果加入的团组增加的话，自己的世界就会变得宽广。

我，来到日本，自己的生活，变得非常宽广！

就是这样子。

说到全球化应对能力，虽然很了不起，但是如果扩大自己的世界，就会超越国家、地区、学校和班级那样的团体，和各种各样的人一起做着什么事就会变得不那么特别哟。

我现在几乎总是和同班同学一起玩。

这么说来，我有时会和表哥玩。

学校不同，流行的事也不同，很有趣哟♪

你也要教我流行的事情哦♪

当自己的世界变得更广阔时，就会意识到自己一直认为理所当然的事情，仅在那个国家、地域、团体中是这样，而在广阔的世界中并不是理所当然的呢。

自己所在的地方不是世界的中心。

对自己来说的常识
未必是世界通用的常识

譬如，在日本，要说世界地图一般都是以日本为中心，不过，欧洲的世界地图不是那样的哟。

日本只是世界的一隅呀

相同的事情、不同的事情

即使我们认为是理所当然的常识的事，在宽广的世界说不定就不是常识，真是令人感到惊讶！

是啊。

世界上任何地方都有相同的事物，也有不同的事物。

真子，根据国家和地域的不同有什么不同呢？

嗯哪，大家说的语言不一样。

日本虽然是说日语，但是根据国家和地域的不同，也有说英语、法语、意大利语、西班牙语、中文、韩语等。有很多很多。

人种也不一样啊。白人，黑人，日本人的皮肤被认为是黄色哟。

所吃的食物也是不同的，和食很美味哦。♪

另外，文化、气候、习惯、宗教……有很多不同呢。

那么，同样的事情是什么呢？

即使人种不同，作为人类也是一样的。

"1 +1 ＝ 2""1m ＝ 100cm""将水致冷就会结冰"等，数学和理科学的东西，无论去哪里都一样吧？

听说运动也具备同样的规则。

是的，虽然有各种各样的差异，但是作为人类是一样的。

而且，就像雷伊和辛蒂说的那样，也有共同的事，可以一起玩，一起学习，一起工作。

如果居住的**国家和地区**不同，

就存在很多不同的事情。

相互认同的差异，
互相学习的差异是很重要的事情。

打开自己的世界吧

 世界广阔，有各种各样的国家，各种各样的人。

 但是，大家，同样，都是人类。

只要稍微懂一点点语言，就能说话了！

即使不去外国，也可以通过网络了解外国的信息，和外国人成为朋友。

 是啊。

雷伊说除了这个城市以外没有在别的地方住过，这个城市位于都道府县、日本、亚洲、地球、宇宙之中。

无论是谁，都存在于广阔的世界里哦。

 这个城市也是广阔世界的一部分吗？

明明是理所当然的事，却从来没有这样想过！

那样的话，我就是日本人、亚洲人、地球人、宇宙人♪

 光是这么想的话，雷伊的心里世界就宽广了。

在大家都成为大人的时候，世界会比现在更贴近我们吧。

世界上既快捷又便利，还可能去往宇宙。

互联网等技术不断发达，即使不去，也能以世界为对手参与活动。

全球应对能力，无论是对谁都将变得必要哟。

无论住在哪里，

无论是谁，都存在于广阔的世界里。

所谓全球化，

不是哪个遥远的地方的事情。

在我们周围总是存在着。

是的哦♪

全球化不是什么特别的事情。

我也想成为具备全球化应对能力的人。

具备**全球化应对能力**的人。

为了成为能够**活跃在全球范围里的人，**

即使不去国外也能做到。

学习语言；
了解自己的国家；
了解其他的国家；
试着对话（交流）……

等等，从可以做到的事情开始吧。

学习语言的事，果然是**基本**哟！

稍微懂一点语言的话
也许会变好……
见到会说日语的外国人
会很高兴的啊。
我也想变成那样。

我知道了解别的国家是非常重要的一件事，但是了解自己的国家，为什么和全球化应对能力有关系呢？

这，有很大的关系。
通过了解自己国家的历史、文化、习惯等，可以知道和其他国家的不同，和外国人说话的时候，自己就是日本人的代表。希望成为能够对日本进行说明的人。

互相说
"在我们国家是这样啊"
就能互相理解的啦♪

接下来，
试着进行实际的交流！

致各位指导者以及监护人
第1章 总结

总结

所谓全球化，就是"超越世界的、世界性与国境的地球全体的"意思。与国家、地域、人种、文化不同的多种多样的人进行对话，相互承认差异，将能合作的人称为"有全球化应对能力"就可以了。

要扩大自己的世界，增强全球化应对能力
- 学习语言
- 了解自己的国家
- 了解其他国家
- 试着对话（交流）

指导要点

第一章，学习什么是全球化，什么是全球化应对能力。无论是谁，我会指导你，让你感到自己作为世界的一员，对地球全体进行思考，在世界上活跃，并不是什么特别的事情。

若是根据每一个人到现在为止的生活环境来界定，那么，对于每一个人来说世界的宽度也会迥然不同。对于具有海外经验或者身边有留学生和外国人的人来说，即使身在异国他乡也会感到亲近，但是，对于完全没有这种环境的人来说，也许就没有这种心理体验的了。大人也一样，一边学习英语的同时，为了提升自身的素养，也顺带着学习其他国家的知识，但是，如果没有亲临那种必须通过生活和工作来进行实际交流的场合，就不会强烈地感受到全球应对能力的必要性。

为了把目光投向世界，雷伊、真子、辛蒂都用白色的地图来确认和自己有关的地方，写出所属的小组。让我们来回顾一下世界的广阔吧。若是能写的东西少的话，请在知道的地方、有兴趣的地方追记一下。请这样指导，在地图上添加颜色，描画插图等，一边很愉快地下功夫进去，一边就会变得想要写出很多东西了。

扩大自己的世界，并不是实际上的距离，而是应该打破我们心中的壁垒,扩大意识的范围。而且不应该只限于强化全球化应对能力，不管对小孩还是大人，都大力推荐。如果自己的世界很狭小，当我们遇到挫折的时候，也许会感到痛苦，但当我们的世界变得宽广时，所属的团体有很多，一处受挫只是丢失栖居之所中的一个而已。对于孩子来说的学校，对于大人来说的公司，都不是唯一的容身之处，而是需要扩展自己的世界。这样的话，面对在狭小的世界里发生的事情，就会具有"这也并不是什么大不了的事情"的强大内心，就会培养出"这个世界总有自己的容身之处"，从而相信自己、肯定自己的心情。各位监护人，怎样给孩子创造"增加容身之处"的契机呢？请考虑一下比较好吧。

第 **2** 章

学习语言

会说语言的话，
就能感觉到别的国家就在身边。
英语就不用说了，
汉语、韩语等各个国家的语言都是如此。
首先，试着从寒暄开始怎么样呢？

学习什么语言好呢？

要和各个国家的人相互了解，把自己的事、对方的事，告诉对方就好了。

为此，能稍微说点外语就好了。

好羡慕辛蒂啊。

还是学习英语比较好吧？

是啊。

如果会说英语，就能和很多人说话。

在日本，小学、初中，最初学习的外语是英语。

因为英语被称为公用语，是世界上作为国家官方语言使用得最多的语种。

但说到母语，我和家人、朋友说话时，最优先使用的语言并不是英语。

哎呀！

是吗？

世界上人口最多的国家是中国。

使用中文的人最多。

那么，学习中文比较好吗？

首先是英语，不过，根据自己在哪里，和怎样的人们，想做什么，诸如其他原因等，来选择学习的语言就行了哟。

对于日本语，我会更加努力地学习。♪

官方语言和母语

作为官方语言使用人数最多的是英语。
接下来，使用中文、印地文、西班牙文和俄文的人很多。
另一方面，如果您使用的是母语，则中文是最好的，其次是英语、西班牙语、印地语和阿拉伯语。
印地语是主要在印度使用的语言。

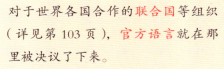

对于世界各国合作的联合国等组织（详见第 103 页），官方语言就在那里被决议了下来。
英语是许多机构的官方语言。
从这一侧面可以得知为什么英语被广泛学习。
此外，使用法语的人也很多。

全球组织的官方语言示例

联合国	英语、法语、俄语、中文、西班牙语、阿拉伯语
世界贸易组织	英语、法语、西班牙语
经济合作与发展组织	英语、法语
国际标准化组织	英语、法语、俄语
国际奥委会	法语（第一语言）、英语（第二语言）

世界的问候

 世界上有各种各样的词汇。

 为了与不同国家的人交谈，首选语种是英语，但是了解一些国家的语言会非常有趣。

 打招呼的话，是不是很简单呢？

 没错。

问候这种事情很重要。

这三个人都向你的家人、邻居、朋友和老师问好。

"早上好""你好""再见"，彼此打招呼寒暄一下，这将是一个很好的感觉。

 假如你观看世界杯和奥运会等运动会，如果你能用那个国家的语言进行声援，那将令人热血沸腾！

"贝特汉姆！"的话，我知道哦♪

我曾经在足球比赛中为韩国队加油。

 这个是"大韩民国"的意思。

这是韩国的官方名称。

这和我们说的"日本！"一样。

 如果来自其他国家的人也一起支持喊"日本！"的话，我会非常高兴♪

 找出各国的问候语和助威语。

英语

Hello – 你好

Good-bye – 再见

Thank you – 谢谢

I'm sorry – 对不起

Go! /Go for it! – 上！尽你所能！

Go for it ！ 经常在说"瞄准！"时使用，比如棒球击球和足球射门。

彼此之间是朋友的话，
"你好"就用"Hi（嗨）"
"再见"就用"Bye-bye（拜拜）"
那么，OK♪"Hi，雷伊（嗨，雷伊）"
"Bye-bye，真子（拜拜，真子）"

如果你做了一件好事，对方说"Thank you"，以"You are welcome"作为回答。这个回答就意味着"不用谢"。

中文

你好 – 你好

再见 – 再见

谢谢 – 谢谢

对不起 – 我很抱歉

加油 – 尽你所能！

在中文里，"不用谢"是"不客气（ブークーチ）"。
中国人的"再见"是"再见（ヅァイジェン）"
这是"再见"（再次相见），换句话说，它意味着
"再次见面"。
他们没有说"别了"，而是说"让我们再见面吧"。

在体育运动中欢呼时，
他们习惯使用"加油（ジャーヨ
ウ）"，如果你看看汉字，就像"加
上油"，然后有"追加燃料努力
往前冲！"的感觉。

韩语

안녕하세요 – 你好

또 만나요 – 稍后见！

감사합니다 – 谢谢

미안합니다 – 对不起

힘내 – 尽你所能！使出你的力量！

可以用"**또 만나요**"代替"再见"♪
因为它是一个随意的词，与朋友一起使用可能会很好。
即使是日语，一般不要对年长的人说"再会哦！"这种话。

韩国料理，很好吃♪
很喜欢烤肉和石锅拌饭（朝鲜盖浇饭）。

"Puru= 烤"和"Kogi = Meat"的意思是"Purukogi = 烤肉"。
"Pibimpap"是"Pibim = 搅拌"和"pap = 米饭"组合起来的词汇"Pibimpap（拌饭）"。
用很多蔬菜和肉混合起来拌着吃，非常美味♪

法语

Bonjour – 你好

Au revoir – 再见

Merci – 谢谢

Pardon – 对不起

Allez-y, foncez! – 祝你好运！

当用法语声援欢呼时，根据是有很多听众，还是只有一个听众，使用的话语是不同的。"Allez-y, foncez!" 意思是"（大家）加油！"如果像网球单打一样是独自一人，那就是"Vas-y, fonce！"

从早晨到白天的问候是"Bonjour"，当天色变暗时，就用"Bonsoir"。这意味着"晚安"。

意大利语

Buon giorno – 你好

Arrivederci – 再见

Grazie – 谢谢

Mi scusi – 对不起

Forza! – 加油!

"Buon giorno" 一般是在表达"早上好""你好"的时候使用,却与日本语的"再会!一路顺风,保重!"的意思相近。所以,每当需要表达再见时,大家有时也会使用它。

晚上来临后,需要表达"晚上好"的意思用"Buona sera"就可以了。

你可以随时使用"Ciao!",意思是"喂!"或"再见哒!"。

微笑♪

"美味"用"Buono"来表达,意味着你将食指放在脸颊上。

意大利料理,经常跟家人一起去吃,所以,如果店里的人都是外国人,那就试试吧!

西班牙语

Buenos días – 早上好

Buenas tardes – 你好

Adiós – Goodbye

Gracias – 谢谢

Perdon – 对不起

Arriba! – 加油！

您也可以在西班牙使用"Ciao!"。
它和意大利语一样，意思是"喂！"或"再见哒！"。
"早上好"和"你好"，法语和意大利语没有区别，
西班牙语则稍有区别。

谈话双方若是朋友的话，无论什么时候都可以用下面的话语 Hola（O-RA）"喂！"的意思。

德语

Guten Morgen – 早上好

Guten Tag – 下午好

Auf Wiedersehen – 再见

Danke schön – 谢谢

Verzeihung – 对不起

Viel Erfolg! – 加油！

"再见"这个表达会比较复杂难懂吧？
如果是比较随意的"拜～！"的话，
可以使用"Tschüss"。
如果有人对你说"Danke schön"的话，
"不用谢"的说法是"Bitte schön"。

当说"加油！"时，
也可以使用"Toi, toi, toi(Toi,Toi,Toi)"。
它有点可爱，
但最初它是一个用来驱散魔鬼的咒文。

我们用英语交谈吧

来自不同国家的单词很有趣！

当你去参加外国队的足球比赛时，我会记住支持你的话♪

没错。

问候语，似乎可以记住哦。

如果你讲自己国家的语言，我会很高兴的。

但是如果你想谈得更多，那么你能说英语将会大有助益。

这是因为世界上大多数人都把它当作官方语言。

没错。

即使是在日本，我也是从小学高年级开始就在学校学习英语，与世界合作的公司，甚至在日本，有些公司也会说英语。

我父亲也想出国出差，用英语工作。

我想要像我父亲一样♪

我们一起学习吧♪

我来教你日语，你要教我英语哦！♪

你只能通过记住一些常用短语来交谈，所以，让我们这样做吧！

打招呼

"你好"就用"Hello"来表达。

根据时间的不同，还有其他英语问候语。

"早上好"是"Good morning"。

"晚上好"是"Good evening"。

当你遇到别人时，就说"你好吗？"。

如果你想说"你好吗"，

就是："How are you?"

"How are you?"这是一个常见的问候语。

英文以"？"结尾时的发音，一般尾音需上扬，但在这种情况下我不需要提高尾音。

"How are you?"如果说，"我很好，谢谢你！"就以"Fine, Thank you！"来表达。"

"还过得去的吧。"就以"Not too bad"来表述。

如果"不太好"，那么就说"Not so good"。

答案是"你呢？"的时候，就说"And you?"。

如果答案是一样的，"我也是！"请用"Me too"来表达就好了！

Hi, Rei. How are you?（嗨，雷伊。你好吗？）

好的。谢谢。你呢？（Fine, Thank you. and you?）

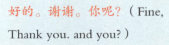

我也是。谢谢。（Me too. Thank you.）

介绍你自己

"很高兴认识你"是"Nice to meet you"的惯例用法♪

与"I'm glad to meet you"具有相同的含义。

然后我得自报我的名字。

"我的名字是真子""My name is Zhenzi"。

"my"的意思是"我的","name"的意思是"名字"。

在自我介绍时，要记得握手哦♪

"my"也可以在其他地方使用。

"my pen"是"我的笔"，"my book"是"我的书"，"my father"是"我的父亲"，"my mother"是"我的母亲"，"你的"就说"your"。如果是"你的名字"，那就说"your name"！

Hello!（你好！）Nice to meet you.（很高兴见到你。）My name is Rei.（我的名字是雷伊。）

Hello, Rei.（你好，雷伊。）I'm glad to meet you.（我很高兴见到你。）My name is Cindy.（我叫辛蒂。）

学习语言

最简单的答案是"是"就说"Yes","否"就说"No"。
"好的！"经常会说"OK!"。
如果你让我做某事，想要表达"谢谢你"，就说"Thank you"，或者"我很抱歉，我不需要它"，就说"Thank you, but no, thank you"。
如果解释了什么，想说"哦哦，我明白了！"
就用"Oh, I see."或"Oh, I get it!"来表示。
想表达"我理解了"的意思就说"I understand"。
如果你不理解这个解释，如果你无法理解，就说"I can't understand"；
如果你不知道，就说"I don't know"，如果你想不到主意，就说"No idea"。

其他方面，也还有很多语句。
"当然是的了！"就说"Of course!"，若是想要表达"当然不是这样的啦"的话，就说"Of course not"。
如果是朋友的话，表达"是的呀"就说"Yeah!"
"绝对不是！"和"完全不同！"就说"No way!"
若想表达"你说得对！"就说"Exactly!"♪

"Exactly!（完全正确！）"
经常被使用。
"za"的发音很强哦♪

随声附和

假如是用日语说，你说话的时候，附和对方重要吗？

当大家和他们的朋友谈话时，他们应该会说出很多诸如"这是真的吗？""不会吧！""好厉害！"之类的话。

英语也是如此。有人附和时，谈话就会变得很热烈。

"真的吗？"就说"Really?"。

"不会吧！"就说"No kidding!"。

"好厉害！"就是"Great!"。

"我不敢相信"就是"I doubt it"。

"那倒也是（不奇怪）"就是"No wonder"。

有各种各样的话语。♪请尝试使用它。

在我不擅长的社交测试中，我获得了100分！

Really?
Great!

打招呼

知道如何在极其短促的时间里恰如其分地打招呼会很有用。

例如，如果你希望对方稍微避开一点点的时候，你会用日语说"我很抱歉"，但在英语中可以使用"Excuse me"。

即使是日语，也经常使用"我很抱歉"的吧？

不小心撞到对方道歉的时候，或者招呼别人时也能用"Excuse me"的哦。

告知危险的事也重要。

"小心点！"对应的是"Watch out!"，"危险！"对应的是「Look out!」哟。

另外，外国人可能不了解日本的规则，所以，如果他们错了，请告诉他们。

"保持安静！"说的是"Be quiet"。

"不能触碰！"就说"Don't touch!"。

"不能进入！"就说"Keep out!"。

如果加上"Please！"，语气就会显得更温柔一点。

Cindy!

Please, keep out.

辛蒂，请不要进来。

Oh, I'm sorry.

引路

最近，迷路的外国人对我说"车站，在哪里呀？"
被这样问了之后会觉得很为难！
好像几乎不懂日语，虽然勉强用手势胡乱说明
了一下……

套用以下惯用句就很容易回答啦♪
"笔直走"是"go straight"。
"从～往右拐"就说"turn right at ～"。
"从～往左拐"就说"turn left at ～"。
"第一条街向右（左）拐"就说"take
the first right (left)"。
"第一"是"first"。
"第二、第三、第四"就是"second,
third, forth"。♪

「first, second, third」我知道！
棒球的"first, second, third"
就是英语里面的"第一，第二，第三"
的意思！

其他还有

"从～走过"是"go past ～"。

"这个在～的对面"是"It's across from ～"。

"这个在～的隔壁"是"It's next to ～"。

"这个在～的前面"是"It's in front of ～"。

记住了这些套用短句的话，就能很好地为别人指引路线了。

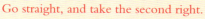

Go straight, and take the second right.

It's across from convenience store.

一直走，然后在第二条街向右拐。

就在便利店的对面。

……这样一来的话，似乎我也可以带路了♪

试试看吧！

能说得很好吗？
练习一下给人指路吧

你也用英语说一说下列词汇吧。答案在第44页哦。

●沿着这条路一直走。

提示：这条路是"this way"。

●在便利店往右转。

●通过邮局前面，再向左拐。

提示：邮局是"post office"。

在餐厅聊天

当你一家人去外国餐厅的时候，如果店员是外国人，你可以说英语。
想稍微说一点啊。
你有什么样的套话呢？

如果食物很美味，假如是在日本，店里的人们会说"很好吃"，如果你赞美它，你会高兴吗？
外国的食品店也是如此。
如果是正餐，"很好吃"就说"delicious"。
"非常好"就用"so good"来表达。
"味道醇厚"就使用"tasty"等。
如果是快餐，说"yummy"也是可以的。
"最喜欢的东西哦！"说"I love it!"也行呢。♪

知道在吃饭时表达味道和用餐感觉的词语是很好的。
"甜蜜"是"sweet"；
"咸咸的"就是"salty"；
"辣的"是"spicy"或"hot"；
"苦涩"有"bitter"等词汇；
"干脆，硬脆"就用"crispy"；
如果"酥软"就使用"soft"；
如果"它看起来像奶油"的话就说"creamy"；
"水嫩多汁"就用"juicy"。
类似这样的话语有很多。

"hot"也有"热辣"的意思。
从嘴里发出很热辣的感觉就是"hot"。

我听说过♪
苦巧克力（bitter chocolate），软奶油
（soft cream），香辣鸡肉（spicy chicken），
糖果（sweets），以及我经常使用的许多
其他词语。
选择披萨面团（crispy）时薄而脆，酥脆！
这也是英语。

学习语言的各种方法

我试着学习了一点英语之后，就更想继续学习下去了。

是啊。

"这种场合该怎么说呢，那种场合该怎么说呢？"

我开始留心这些问题了，可我连单词都还不会呢。

你们开始觉得英语有趣了，是吗？

有什么问题都可以来问我。

如果你们对英语感兴趣，有很多学习方法呢。

当然，向辛蒂请教最好不过了。

但是，读一读英语会话教材或者英文报纸，也是很好的方法。

为了学习单词，最好准备一本字典。

你们也可以用智能手机的应用程序查单词。

电视上也有英语会话的教学节目。

没错。

有很多这样的电视节目，有的面向儿童，有的面向成人，还可以买到配套的教材，选择一个喜欢的节目，每期都收看，也是个好办法。而且，也有类似的广播节目。

爸爸，你上过英语培训班吧？

是啊，也可以去英语培训学校学习。

最近，还有一些英语培训学校，能够让学生在家里，通过电脑等设备在网上与老师对话学习。

英语有多种学习方法：

英语会话教材、字典、英文报纸、

智能手机的应用程序、

互联网、电视和广播节目，

英语培训学校，

向懂英语的家人或朋友请教等。

我打算收看每一期的英语教学节目，跟着辛蒂练习英语！

OK

我打算用书本来学习英语，跟着爸爸和辛蒂练习英语。

致各位指导者以及监护人
第2章 总结

总结

语言一般分为通用语和母语。
通用语是指在一个国家的正式场合使用的通用语言。母语是指在一个国家的日常生活中使用的语言。英语是世界上使用最广泛的通用语。掌握了英语，我们就能够与更多的人进行沟通交流。
另外，你还可以结合自己想在什么地方、与什么人、做什么事等实际情况，有针对性地学习其他外语。

指导要点

在第2章中，我们学习了多种外语的问候语，以及英语这一世界通用语言的基础会话。我们在指导孩子们学习外语的过程中，要让他们从中体会到自己会说少许外语的乐趣。

即使是"你好""再见""谢谢""对不起"这样简单的句子，如果外国人用日语说，你们也会觉得很高兴吧。尽管他们说得结结巴巴，但他们毕竟还是努力去记住日语了，这让我们的好感油然而生。同样，如果我们学会了一些简单的外语问候语，用对方的母语向他们打招呼，也能够拉近彼此的距离。世界杯和奥运会等国际性活动是了解各个国家的好机会。本书收录了一些观看体育赛事时为运动员加油的句子，比如"加油！""冲！"等，家长们不妨也一起说一说。本书既介绍了一些比较常用的表达方法，也介绍了一些比较通用的发音示例，但不应仅仅局限于此。尤其是，为运动员加油的语句，有近似于口号的，也有祈祷好运的，各种表达混杂在一起，请家长围绕孩子们感兴趣的外语，再作一些相关的拓展。

在本书英语基础会话部分，我们依据文部科学省制定的小学学习指导大纲中外语学习的有关要求，以自我介绍、就餐、问路等交际场景为例，讲解了日常生活中的常用语句，比如让双方交流更加顺畅的回应及附和的表达，以及催促对方行动的表达，等等。在小学阶段，不拘泥于语法，重视作为交际手段的会话，发出声音，尝试去说，这很重要。

当然，仅凭这本书是远远不够的，但如果能够以此为契机，通过指导使孩子产生兴趣，想去了解"这种时候该怎么说呢"，这就很好了。例如，在作自我介绍时，不仅引导孩子打招呼、说出姓名，还要求他们详细介绍年龄、喜欢的科目、兴趣、住处、出生地、国籍等情况，孩子自然就会想去了解相关的单词及表达。在问路环节中，让孩子去想象自己家附近的实际场景，练习"从车站到某地，该如何指路？"，他们就会想去知道一些表达标志性场所的词语。

第39页
解答示例
Go straight this way.
Turn right at the convenience store.
Go past the post office, then turn left.

第 **3** 章

了解一下日本

中日两国一衣带水
广阔世界中的日本，
是个什么样的地方？
让我们了解一下日本吧。

日本是个怎样的国家?

 外语对于培养全球化应变能力而言是很重要的。

 是啊! 首先, 不会说外语, 就没办法相互理解。

 你说得很有道理。

但是, 不要老想着"我会说英语啦""我会说中文啦",

其实单靠外语是远远不够的, 除此之外还有一些重要的

事情。

 那还有什么呢?

 来自不同国家、地域、人种、文化的人们要相互理解,首先,

必须了解自己的国家!

雷伊, 你能向真子和辛蒂介绍一下日本吗?

 我不大了解日本, 请给我介绍一下吧。

 日本的情况?

嗯, 该从什么说起呢?

 它在世界的哪里? 是一块什么样的土地?

人口有多少? 人们怎样生活? ……有很多可说的。

 咦? 怎么感觉像是社会课程, 这我可不擅长啊!

 雷伊, 你的确不擅长背诵。

 学校的社会课程对于了解日本和世界是很有必要的。

希望你们能够不断努力,将来成为活跃在国际舞台上的人。

那么, 首先, 我们来研究一下日本吧!

试试看吧!

关于日本，你知道多少呢？
来挑战一下日本概况的测试题吧。

日本概况的测试题，你能回答多少呢？

1. 日本的人口有多少？

    A．约 2 亿人　　B．约 1 亿 3 千万人　　C．约 8 千万人

2. 日本的人口密度，1 平方公里（km²）平均有多少人？（全世界 1 平方公里平均有 56 人。）

3. 日本的面积是多少？

    A．相当于美国的百分之四（4%）左右

    B．相当于中国的百分之二（2%）左右

    C．与韩国差不多

4. 日本的最北端是北海道（不包含择捉岛、北方领土的话，就是弁天岛），最西端是冲绳县（与那国岛），最南端、最东端的都道府县是哪个？

5. 日本人的男女平均寿命各是多少岁？

6. 日本 65 岁以上的人口数，占总人口数的多少？

    A．3%　　　　　B．13%　　　　　C．23%

7. 日本 100 岁以上的人有多少？

8. 日本向哪个国家和地区的出口额最大？日本来自哪个国家和地区的进口额最大？

    A．美国　　　　B．欧洲　　　　C．亚洲

9. 日本的网络人口普及率（网络用户所占比例）是多少？

    A．约 98%　　B．约 83%　　C．约 67%

10. 日本的手机（包含 PHS、智能手机）家庭普及率（家庭成员拥有手机的家庭所占的比例）是多少？

    A．约 95%　　B．约 78%　　C．约 65%

答案

1. B（1 亿 2711 万人，2015 年）

2. 1 平方公里平均 341 人（2015 年）

3. A（约 378000km²，2010 年）

4. 最南端　东京都（冲之鸟礁）
   最东端　东京都（南鸟岛）

5. 男性 80.5 岁，女性 86.8 岁（2014 年）

6. C（23%，2010 年）

7. 约 44000 人（2010 年）

8. 出口地区、进口地区都是 C（2014 年）

9. B（82.8%，2015 年）

10. A（94.6%，2015 年）

括号内的年份为数据调查年度。

你答对了几题呢？
总务省的网站上公布有
各种调查结果。

出处：总务省统计局主页
http://www.stat.go.jp/

出处：《2015 年版信息通信白皮书》（总务省）
http://www.soumu.go.jp/johotsusintokei/whitepaper/ja/h27/index.html

东京都是最东
端和最南端的
端点吗？

确实是东京都。
不过，南鸟岛没有一
般居民居住，冲之鸟
礁无人居住。

全世界的人口密度为平均 1 平方公里 56 人，相比之下，日本人口密度为 341 人，真多啊！不过，说到底这只是平均值，并没有把无人居住的土地计算在内。在日本，人口最密集的地方是东京都，平均 1 平方公里的人口多达 6168 人。其次是大阪府，平均 1 平方公里的人口数为 4640 人，再次是神奈川县，平均 1 平方公里的人口数为 3778 人。

日本是发达国家中的长寿国家。相比男性，女性更为长寿，这在全世界都是一样的。日本 100 岁以上的人口多达 44000 人，好厉害！其中，女性就有 38000 人。

出处：《2015 年人口普查 人口统计速报》（总务省统计局）
http://www.stat.go.jp/data/kokusei/2015/kekka.htm

出处：《2010 年人口普查》（总务省统计局）
（政府统计综合窗口 人口普查）
http://www.e-stat.go.jp/SG1/estat/GL02100104.do?tocd=00200521

在日本的出口额和进口额中，亚洲各国所占的份额均遥遥领先。2015 年，日本进出口总额的大约三分之二在亚洲。手机和互联网的使用正在日益普及，拥有智能手机的人迅速增加，能够使用互联网的人也越来越多。

出处：《日本统计 2016》（总务省统计局）
http://www.stat.go.jp/data/nihon/index1.htm

了解日本的季节和节日仪式

 嗯！那我可能是对日本不够了解。

 好了，接下来，就是关于日本人的生活了。

任何国家,这个国家的特色，只有在这个国家才有的，这个国家的独特之处，会有很多令其他国家的人感到惊奇的地方。

 听起来很有趣呢！

 让我们来研究一下日本的一年吧。

日本春、夏、秋、冬四季分明，所以日本人对季节变化十分敏感。

在日本有很多表示季节的词语,1～12月还有另外的名称。

 我听说过！ 10月叫做"神无月"吧?

据说10月份全国的神仙都会聚集到出云大社 ※，所以全国各地就没有神仙了。

 对对！只有在出云，10月被称为"神在月"。

 日本每个月都有各种各样的节日。

新年、节分、女儿节……真有意思啊！

 日本有压岁钱，我好美慕！我还没收到过压岁钱呢！

 啊！是吗？我以为全世界的孩子都能拿到压岁钱呢！

 各个地区的节日活动并不相同。

现在，我们来粗略地研究一下日本全国性的节日活动吧。

※ 位于岛根县出云市，供奉"结姻缘"的神灵，广受崇拜。

试试看吧！

关于日本，你了解多少呢？
一起来研究一下日本的 1 ~ 6 月吧。

关于日本的 1 ~ 6 月，你了解多少呢？

试着通过书籍、互联网，去查找一下你所不知道的事情，或者想具体了解的节日活动吧♪

1. 1 月的古称是"睦月"，2 ~ 6 月的古称是什么？

2. 下面的日子分别是哪些节日？

 ① 1 月 1 日　　　　　② 1 月的第 2 个星期一

 ③ 2 月 3 日前后　　　④ 3 月 3 日

 ⑤ 5 月 5 日　　　　　⑥ 5 月的第 2 个星期日

 ⑦ 6 月的第 3 个星期日

3. 新年期间，摆放在家门口用竹子和松木制成的装饰物是什么？

4. 1 月 1 日到 1 月 7 日叫作什么？

5. 1 月 7 日早上吃"七草粥"，粥里的"七草"是哪些植物？

6. 节分那天吃的寿司叫什么？

7. "春一番"指什么？

8. 春天里人们会赏樱花，那么日本栽培最多的樱花品种是什么？

9. "八十八夜"这个词与日本人的传统饮料（日本茶）有关，它具体指什么？另外，它大约是什么时候？

10. 儿童节期间会吃什么点心？

11. 6 月左右，学校和公司大多会改穿夏季制服。冬季到夏季，夏季到冬季，改变服装称为什么？

12. 从 6 月中旬左右开始降雨多的时节称作什么？

答案

1. 2月 = 如月　　　　　3月 = 弥生　　　　　　4月 = 卯月

　 5月 = 皋月　　　　　6月 = 水无月

2. ① 元旦、新年　　　　② 成人节

　 ③ 撒豆节、节分　　　④ 女儿节、桃花节

　 ⑤ 儿童节、端午节　　⑥ 母亲节

　 ⑦ 父亲节

3. 门松

4. 松之内

5. 芹菜、荠菜、鼠曲草（母子草）、繁缕、稻搓菜、蔓菁（芜菁）、白萝卜。

6. 被称为"整卷寿司"或"惠方卷"，是一种粗卷寿司。

7. 立春（2月4日左右）之后首次吹来的强劲南风。

8. 吉野樱花

9. 立春过后的第88天，5月3日左右。据说这天采摘的茶叶特别好喝。

10. 粽子、柏饼

11. 换装

12. 梅雨

节分那天吃的整卷寿司，正如它的名字，一个人必须吃下一整条。在节分的夜晚，面朝当年的"惠方"（大吉方位），一边在心里默念自己的愿望，一边静静地吃下一整条寿司。因为是要朝着大吉方位吃，所以也被称为"惠方卷"。它起源于大阪，现在已广为人知。

关于日本，你知道多少呢？
一起来研究一下日本的 7 ~ 12 月吧。

关于日本的 7 ~ 12 月，你了解多少呢？

试着通过书籍、互联网，去查找一下你所不知道的事情，或者想具体了解的节日活动吧♪

1. 7 月的古称是"文月"。8 ~ 12 月的古称是什么？

2. 下面的日子分别是哪些节日？

　①7 月 7 日　　　　　　②7 月 15 日前后 /8 月 15 日前后

　③9 月的第 3 个星期一　　④11 月 15 日

　⑤12 月 31 日

3. 传说中只能在七夕夜晚相会的两个人物叫什么？

4. 人们习惯在"土用丑日"吃的食物是什么？

5. "盂兰盆"是个什么节日？

6. 9 月 18 日前后的满月叫什么？

7. "七五三"是庆祝 7 岁、5 岁、3 岁的节日。男孩、女孩庆祝的年龄不一样，分别在几岁庆祝？

8. 在"七五三"吃的糖叫什么？

9. 在冬季，首次吹来的强劲寒风叫什么？

10. 在寒冬季节里出现的如同春天般温暖的日子称作什么？

11. 人们习惯在除夕夜吃的食物是什么？

12. 除夕夜里敲响的钟声称作什么？须敲钟多少下？

答案

1. 8 月 = 叶月　　9 月 = 长月

　　10 月 = 神无月，只有出云地区称作"神在月"

　　11 月 = 霜月　　12 月 = 师走

2. ①七夕　　②盂兰盆　　③敬老节　　④七五三　　⑤除夕

3. 牛郎、织女

4. 鳗鱼

　　"土用丑日"一年有 6 ~ 7 天，但大多数情况下，专指夏季的"土用丑日"，一般在 7 月下旬到 8 月上旬之间（有的年份没有），在这天吃鳗鱼的风俗始于江户时代。

5. 传说祖先的灵魂会回来。为了避免祖先灵魂在返家的时候迷路，日本人有在家门口烧"迎魂火"的风俗。在此期间，人们会跳盂兰盆舞。

6. 中秋明月

7. 男孩庆祝 3 岁和 5 岁，女孩庆祝 3 岁和 7 岁。

　　据说七五三节起源于江户时代，3 岁举行"置发仪式"（不再剃发，开始蓄发），5 岁举行"着袴仪式"（开始穿着被称作"袴"的和服），7 岁举行"解带仪式"（穿着与成年人同样的和服），来庆祝孩子长大。不过，另外也有一种说法，只为女孩庆祝 3 岁。

8. 千岁糖

　　红白色的细长的糖，寓意长寿

9. 寒潮

10. 小阳春

11. 跨年荞麦面

　　由于荞麦面又细又长，因此有祈福长寿之说。又因荞麦面易于咬断，所以有不把辛苦带到来年的说法。

12. 除夕钟声，敲 108 下

　　据说人世间的烦恼（困惑、恶念）有 108 种，敲钟 108 下寓意消除 108 种烦恼。

中秋明月夜，要吃供月团子。

七五三节的千岁糖是红白色的棒状的糖哟。

从前，月份的说法，准确地说是指阴历的月份，与现今的 1 ~ 12 月在时间上并不一致。

"皋月"也不是现在的 5 月，它从 5 月下旬才开始。

到了日本，我也能拿到压岁钱了吧？

除了全国性的节日活动，还有地方特有的节日活动。

全国各地举行的祭祀活动，是当地特有的活动。

有名的祭祀活动有很多，如果研究一番的话，也许会很有趣呢！

了解日本的传统文化

那么，接下来，我们来研究一下日本的传统文化吧。

传统文化？是自古以来就有的东西吗？

传统文化是日本特有的文化，体育运动、表演艺术、衣食住行，什么都有！

相扑是日本的传统体育运动吧？

虽然，其他国家也有这方面比较优秀的选手。柔道和剑道也是日本的传统体育运动吧！

歌舞伎！我在伦敦看过！

是的！歌舞伎是日本的传统表演艺术。辛蒂，你也看过吧？迄今为止，歌舞伎在伦敦上演过很多次。

我在暑假里看过能剧和狂言，有面向孩子的解说和乐器体验，很有意思。

我对这些一无所知！

雷伊，你在夏季祭典的时候穿过浴衣吧？

穿过！是啊，浴衣是日本特有的服装。

寿司、寿喜烧、日式点心。

榻榻米、纸拉门、纸屏风……虽然我们家里没有这些东西，但它们都是日本所特有的。

和服、日本料理、日式住宅和庭院也是日本传统文化的一部分。

相扑、柔道、剑道——日本的传统体育运动

相扑这种体育竞技项目被称为日本的国技。围着丁字兜裆的相扑选手角逐的场面，大家应该在电视上都看到过吧。全国相扑大赛每年举行 6 次，每次历时 15 天，相扑选手轮番角逐，决出胜负。柔道和剑道也都是发源于日本的竞技项目。

日本相扑协会
http://www.sumo.or.jp/

全日本柔道联盟
http://www.judo.or.jp/

全日本剑道联盟
http://www.kendo.or.jp/

日本相扑，每年举办 6 个场次的正式比赛。1 月场、5 月场、9 月场的比赛，其中有一半的比赛，是在位于东京墨田区的两国国技馆举办的。
国技馆里还有相扑博物馆，在那里你可以与相扑运动员体验学习。

在两国附近，还有很多因相扑而出名的什锦火锅的餐馆。

歌舞伎·能剧·狂言——日本的传统表演艺术

歌舞伎是日本传统表演艺术的代表。

除了东京的歌舞伎剧场，在日本各地，甚至国外，都有歌舞伎的表演。

也许你会觉得这是大人们观看的表演，但在歌舞伎剧院，你可以借助解说耳机，在观看演出的同时听到相关讲解（付费）。

除此之外，在服装、舞蹈、音乐等方面也有很多精彩的看点。

能剧是日本最古老的歌舞表演，演员们伴着音乐载歌载舞，因此它属于一种音乐剧。狂言被称为"笑的表演艺术"，是一种观众易于理解和欣赏的艺术形式。狂言也有一些公开演出，演员们会在表演过程中，穿插一些有趣的讲解。

歌舞伎官方网站
歌舞伎美人
http://www.kabuki-bito.jp/

更加快乐地欣赏传统表演艺术
能剧狂言入门网站
http://www.nohkyogen.jp/

我不了解能剧和狂言。

如果你对歌舞伎、能剧、狂言感兴趣的话，请访问相关官方网站哟！

和服

和服也是日本"崇美"文化中的瑰宝之一。人们会依据春、夏、秋、冬的季节变换，穿着不同面料、颜色、花纹的和服，再搭配上合适的腰带、配饰，并且会乐在其中。到了樱花盛开的季节，人们会穿着樱花色或者有樱花花纹的和服。其实，自古以来，日本人就很懂得品味季节之美。

我最喜欢妈妈穿和服了，和服的腰带上满是刺绣，特别好看。

美丽的花纹！

和服

腰带

配饰

日本料理——日本的传统料理

传统**日本料理**的主食以**米饭**为主，其次是黄豆。比如，大酱汤里的**豆酱**、**豆腐**、**纳豆**、**酱油**等，都属于**黄豆制品**。日本是岛国，四面环海，能够捕捞丰富鱼类的地域很多。因此日本人也会经常吃鱼。值得一提的是，日本人爱吃的**生鱼片**，必须用非常新鲜的鱼肉才能加工出来。

日本料理也蕴含着**日本人重视季节的传统文化**，不但追求味道鲜美，而且**外观赏心悦目**，这也是日本料理的显著特点，尤其是那些高档日本料理，简直堪称艺术品。

哇哦！好漂亮！生鱼片看起来好美味呀！

将食物放置在毽球板形状的盘子上，并用松枝装饰，很有新年的味道。

日本料理"淡悦"
http://www.tan-etsu.jp/

日本的住宅、庭院

当今日本，没有日式房间的家庭多了起来，但是，榻榻米、纸拉门、纸屏风仍是日本住宅的主要特征。

在美国和欧洲，人们即便在家中也会穿着鞋子，所以不会坐在地板上。

辛蒂，你看到日本人在榻榻米上铺被子睡觉，或者铺垫子坐着的时候，觉得很惊讶吧？这就是日本的住宅。

其实，日本的庭院也是"崇美"文化的一部分。

由精心修剪的美丽树木以及白色沙石构成的庭院
诗仙堂（京都市）http://www.kyoto-shisendo.com/

在英国，也很流行园艺，人们会精心打造出雅致的庭院。

日本的庭院好美啊！

了解日本的古都

日本有许多很独特的文化。

在世界各地的人们看来，某些日本文化十分精彩，而身在其中的我们却不了解，真是太可惜了！

是啊。

仅立足日本国内，可能会熟视无睹，但是如果能知道外国人对日本文化的着迷之处，或许就可以重新发现日本文化的优点。

日本的景区，总是挤满了外国人。

我想去京都看看。

京都是外国人和日本人都很喜爱的古都。

古都？

古都的意思是有历史的、古老的城市。

我想任何国家都有这样的一片土地，但说到日本，京都、奈良可以说是代表性城市，当然还有其他一些地方。

我感觉来日本旅游的外国人比我了解得还要多。

雷伊，你的地理和历史学得不太好啊。

我没有想到会用到它们。

那么，我们来一起研究一下吧。

京都

京都是日本具有代表性的古都，来自全世界的游客络绎不绝。794年，恒武天皇把都城迁到京都，京都被称为"平安京"，1868年明治天皇把都城从京都迁往东京，在1000多年的历史长河中，京都作为首都繁荣不衰。

从下面的地图中可以看出，京都中心地区的道路呈南北、东西走向，排列井然，所以，从道路名称就能大致知道道路的位置，有的直接就是地名。例如，四条路和河原町路交叉的地方就被称为四条河原町。

京都的主要观光景点

在京都市区，从四条河原町到祇园之间的四条路是最繁华的街区。八坂神社在祇园里面，位于四条路的尽头。从八坂神社再向里走就是圆山公园，圆山公园的垂枝樱花很出名。我真想在春天去看看！

从八坂神社，走过三年坡、二年坡，就会来到以清水舞台而闻名的清水寺。那里有一个地主神社，供奉"结姻缘"的神灵，广受信奉。

八坂神社
http://www.yasaka-jinja.or.jp/

如果你想再多了解京都，就到京都的主页上看看吧！

京都旅游官方网站
京都旅游 Navi
http://kanko.city.kyoto.lg.jp/

地主神社
http://www.jishujinjia.or.jp/

据说京都非常重视其作为古都所特有的传统之美，市内建筑和店铺都精心地加以设计，与周围景观自然交融在一起。麦当劳没有像在其他城市那样挂出红色招牌。看，经营宅急便的佐川快递的店铺多漂亮！

麦当劳（东山三条店）

佐川快递（祇园店）

京都不仅用心守护传统文化，还推出能让年轻人、世界各地的人们了解传统文化的相关活动，以及培育新生文化的活动。其中之一是京都市邀请国内外著名艺术家到京都举办国际摄影节和国际艺术节。另外，京都市还努力为年轻的艺术家提供方便，让他们能够在京都生活和创作。

东山艺术家安置服务（HAPS）

京都市官方网站
京都市信息馆
http://www.city.kyoto.lg.jp/

奈良

奈良这座城市和京都一样，历史悠久，十分重视传统文化。随着飞鸟时代佛教的传入，奈良兴建了许多寺院，并作为日本的文化中心而繁荣至今。710 年，奈良时代的都城平城京建都于奈良，它作为都城的历史比京都还要早，有 1300 多年了。

下面的地图是奈良车站附近，奈良县各地有很多值得看的地方，如果您感兴趣的话，请到奈良市旅游协会的主页查询。

奈良市旅游协会官方主页
http://narashikanko.or.jp/index.php

奈良车站附近的主要旅游景点

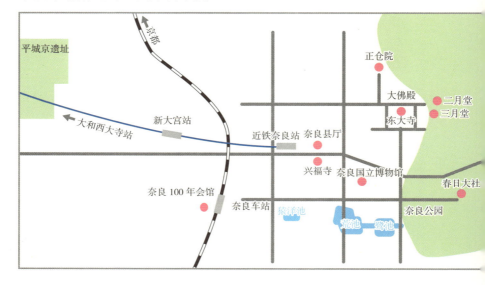

尽管 794 年日本的都城由奈良迁到了京都，但奈良依然是宗教、文化中心，甚至与日益现代化的京都相比，奈良至今有很多地方仍保留着古朴自然的感觉。因而，宁静的奈良能够让我们感受到飞鸟时代和奈良时代日本人的生活，但愿我们能够守护好奈良这片宁静的土地。

春日大社、奈良公园一带有很多野鹿。

摄影：桑原英文

春日大社
http://www.kasugataisha.or.jp/

平城宫在奈良时代既是天皇居所，又是日本政治中心，其遗址位于奈良市区。不过，在那里仅存几处后来复原的建筑，当时的建筑已无迹可寻。也许，这反而能够让人们去自由地想象昔日平城宫的庄严和雄伟，感到更加有趣。

平城宫遗址信息网站
http://heijo-kyo.com/index.html

奈良市区有很多游客，城市也变得越来越漂亮了，但是，只要你稍微走远一点，就能寻觅到很多让人感到宁静时光缓缓流淌的地方。奈良天理市、樱井市的山间小路是我特别喜欢的去处，建议喜欢徒步的人去那里走一走。漫步在石上神宫和大神神社的山径间，可以让你穿越时空去体味昔日的奈良。

三轮明神 大神神社
http://oomiwa.or.jp/

大神神社位于三轮山山麓，神社名称读作"OUMIWAJINJIA"，它是以三轮山作为神体来祭祀的神社，也称为"三轮明神"。把山作为神体来崇拜，这也许可以说是日本文化特有的一种现象。

石上神宫是日本最古老的神社之一，奈良时代的古老史书《日本书纪》对其有所记载，神宫里藏有著名的"七支刀"。

石上神宫
http://www.isonokami.jp/

京都和奈良都拥有众多可以在世界上引以为荣的文化遗产。我们所了解的仅仅是其中的一部分呀！

你们知道世界遗产剧场吗？它是把位于日本各地的世界遗产作为剧场，在里面举办音乐会，或上演传统艺术表演、戏剧等。由于会邀请一些著名艺术家前来演出，因此能够让更多的人有机会接触到日本文化遗产的精彩之处。当然，在京都和奈良也都有世界遗产剧场。

世界遗产剧场
http://www.sekaiisangekijyou.com

世界遗产剧场的首场演出是在奈良东大寺举行的，主演是日本国宝级狂言大师野村万作。此外，出生于奈良、与奈良有不解之缘的艺术家堂本刚，也曾经在奈良的飞鸟石舞台举办过演出，并在天空之下为观众倾情弹奏、歌唱。另外，京都的下鸭神社、上贺茂神社、醍醐寺等也都是世界遗产剧场。我想，在神社或者寺庙演出戏剧和音乐会应该是不同凡响的吧。

野村万作官方网站 万作的粉丝会
http://www.mansaku.co.jp/

杰尼斯事务所官方网站（堂本刚）johnny's net
http://www.johnnys-net.jp/

东京（江户）

东京，1603 年德川幕府在这里建立，1868 年改名为东京，其间则被称为"江户"。在江户时代，东京作为日本的政治文化中心，兴盛而繁荣。从明治时代至今，东京逐渐发展成为日本的首都。因此，东京既有着深厚的传统文化，又有着最前卫的现代文化。

东京旅游官方网站
http://www.gotokyo.org/jp/

东京的主要旅游景点

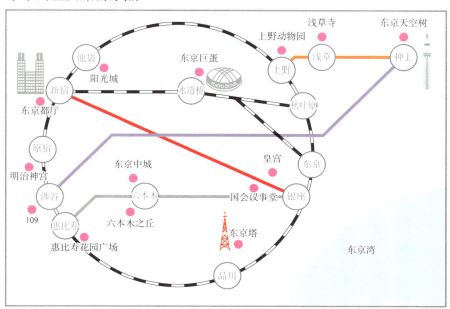

东京的中心是皇宫，也就是过去的江户城。现在，有一部分区域对外开放，比如北之九公园，我们可以入内游玩。

我去过浅草的雷鸣门！

浅草能够让人感受到东京的历史。隅田川的游船观光很受欢迎，浅草的桑巴嘉年华游行也特别精彩。

千代田区旅游协会
皇宫信息门户网站
http://www.kanko-chiyoda.jp/tabid/2017/default.aspx

浅草旅游
http://www.asakusa-kankou.com

东京塔和东京天空树是东京的象征。这两个地方，我都去过。

东京塔的高度为333米，在一些特别的日子里会亮灯。

你们研究一下，也会觉得很有趣的呢。

东京塔官方主页
http://www.tokyotower.co.jp

东京天空树高达634米，由于它位于昔日的"武藏国"，且"634"的日语发音让人联想到武藏（MUSASHI），因此将其高度定为634米。2011年，它被吉尼斯世界纪录认证为"世界第一高塔"。

东京天空树官方主页
http://www.tokyo-skytree.jp

东京有许多美术馆、博物馆、动物园、主题公园等可以边学边玩的文化设施。如果你想了解江户的历史文化和生活方式，不妨去江户东京博物馆和江户东京建筑园看一看。

江户东京博物馆
http://www.edo-tokyo-museum.or.jp

江户东京建筑园
http://www.tatemonoen.jp

国立科学博物馆、日本科学未来馆是可以让人们愉快地学习科学技术的文化设施。也许去那里参观能够引发你探究日本高科技的兴趣呢。

价格呢？

国立科学博物馆
http://www.kahaku.go.jp/index.php

日本科学未来馆
http://www.miraikan.jst.go.jp/

试试看吧！

想介绍给世界各地的人们！
那就试着更深入地研究一下日本吧！

其实，日本有许多方面会让我们想去介绍给世界各地的人们。选择一个你感兴趣的主题，试着研究一下吧！

下面的主题供大家参考：

传统文化

- 调查日本各地的世界遗产；
- 调查日本各地有名的陶瓷，比较它们的特征；
- 调查日本各地的城堡，比较它们的特征；
- 调查日本各地有名的、有趣的节日庆祝活动；
- 调查日本的传统工艺。

现在的生活

- 调查日本各地的特产；
- 调查、比较日本的方言；
- 调查、比较日本各地煮年糕汤的特点；
- 调查日本独有的动物和植物；
- 调查日本各地的樱花种类和开花的时间。

交通

- 调查、比较日本各地的机场；
- 调查日本各地的新干线通车情况，并比较它们的特征；
- 调查、比较在日本各地行驶的、比较特别的火车。

与世界的交流

- 调查日本出口货物的排名情况；
- 调查日本进口货物的排名情况；
- 调查最受外国游客欢迎的旅游地区的排名情况。

了解自己国家的各种方法

关于日本，我了解了一些情况之后，就想知道得更多了。

是啊！

我也觉得社会课程比以前更加有趣了。

我还去了您介绍的日本科学未来馆、国立科学博物馆。

我觉得都很有意思。

我想到京都、奈良去看一看。

但还是先多了解一下东京吧。

我们来个东京探险吧。

我想去很多地方。

我对日本的科技很感兴趣。

我想调查一下，日本与世界各国合作开展了哪些科学研究。

这听起来也很有趣。

好兴奋啊！

听起来大家有很多想去了解的东西。

我认为通过学习，大家能做到简单明了地将自己调查、体验得来的收获与他人分享，这值得提倡。

另外，调查的方法多种多样，大家不妨去尝试一下。

了解自己国家的方法有：

到**图书馆**查阅资料，通过**书籍**来调查**了解**；

观看系列的**电视专题节目**；

借助**互联网调查**；

向家人、老师、朋友等**请教**；

自己**实地调查**等。

真子，你给我讲一讲吧。

好啊，讲什么呢？

我还是先去**图书馆**看一看吧！

作为**暑假**的**自由研究性**学习项目也不错的哟。

致各位指导者以及监护人

第 3 章 总结

总结

中日是一衣带水的邻邦，我们有必要深入地了解日本这个国家。从多角度了解日本，发现中日之间的相同点和不同点。

【学习要点】
- **基本信息** 国家地理位置、面积、气候、人口等。
- **一年中的主要节日** 与习俗和季节有关的活动、与宗教有关的活动、节日等。
- **传统文化** 体育、表演艺术、服装、食材及菜肴、建筑、礼仪等。
- **主要城市** 历史、主要设施、旅游景点等。

指导要点

　　在第 3 章中，我们介绍了日本的季节、节日和传统文化，以及京都、奈良、东京（江户）等受外国人关注的城市。希望读者们能对日本有所了解。

　　自古以来，中日两国是近邻，在政治、经济、文化等方面有密切的来往。从弥生时代开始，日本就开始吸收中国文化，并在此基础上创造和丰富了属于自己的文化。尽管两国之间有许多相似点，但也存在很多差异。了解日本文化，有利于促进两国人民的有好交往。

　　关于日本的信息，总务省在官方主页上，公布了从各种角度进行调查的统计数据。有些数据，孩子自己看不懂。如果您的孩子对某些数据感兴趣的话，您最好能够帮助他们一起调查。在传统文化方面，涉及了体育运动、表演艺术、衣食住行等方面的情况。此外，还有陶瓷、漆器等传统工艺，日本画、书法等传统美术，以及花道、茶道、香道等。日本文化绚烂多彩，不胜枚举。站在全球化角度，客观地观察日本文化、日本社会等方方面面。

第 **4** 章

了解一下其他国家吧

小国家，大国家；

炎热的国家，寒冷的国家；

富裕的国家，贫穷的国家；

纷争不断的国家，和平安定的国家。

世界上有各种各样的国家。

为了能够相互理解，

让我们多关注一下其他国家吧。

了解各种各样的国家

关于自己的国家，我竟然有这么多不了解的地方！

关于其他国家，我觉得会有更多新的发现。

环顾世界各国，你会发现许多日本所没有的东西。

而且，世界上又有很多的国家。

世界上有多少个国家呢？

日本政府认定为国家的有 196 个国家 ※。

哇！有那么多吗？

我虽然有能说出 20 个国家的自信，但不知道能不能说出 30 个以上的国家。

每个国家都有各种各样的文化和习俗。

了解了其他国家之后，你会发现很多与日本的不同之处哦。

一些在日本理所当然的事情，到了其他国家就并非如此了。

比如说，在日本，进屋之前需要脱鞋，

而在美国和欧洲，是不用脱鞋的。

在日本，人们寄贺年明信片，而我们寄的是圣诞卡。

气候也是各种各样的。

与日本不同，有的国家常年寒冷，有的国家常年炎热。

我们来研究一下世界各国的节日和文化吧。

※ 出处：外务省主页（2015 年末）

位置在哪儿？

研究世界各国的时候，首先会问它在哪儿？弄清地理位置是第一步。地球上的位置用经度和纬度来标示。

在地图上看，纬度是横线，经度是纵线，分别称为纬线和经线。

如果你分别调查一下与居住城市同一纬度有哪些城市，或者同一经度有哪些城市的话，也许会十分有趣。

纬度以赤道为中心，赤道以北（地图上方）称为北纬，赤道以南称为南纬。

经度以英国的格林威治天文台为中心，以东称为东经，以西称为西经。

东京大致位于北纬36度、东经140度。

怎样的气候和时差？

一个地方是炎热还是寒冷，从它与赤道的距离就大概能够知道。

距离赤道近的国家很热，距离赤道遥远的国家很冷。从这方面来说，纬度是参照基准。赤道以北和赤道以南，季节完全相反。

比如在南半球，圣诞节是在夏季。

时差是以格林威治天文台为基准，根据经度大致就能知道。格林威治天文台与日本的时差是9小时，日本的时间更早。

格林威治天文台位于英国伦敦。

国土面积多大？人口多少？
人种有哪些？使用什么语言？

国土的面积有大有小。

一个国家即便面积非常狭小，只要被世界认定，它就是一个国家。

世界上面积最小的国家 ※ 是，位于意大利罗马的梵蒂冈城国，它相当于不到 3.5 个东京巨蛋的面积。

该国整个国家被列入世界遗产名录。世界上面积最大的国家 ※ 是俄罗斯。

※2016 年 3 月的时点

你还可以调查一个国家有多少人口，有哪些人种的人们在一起生活。有些国家幅员辽阔，但是人口稀少，也有些国家与之相反。

尽管日本的大部分人口是日本人，但也有像美国那样各种人种共同生活的国家。

在去一个国家旅游之前，先调查一下它的官方语言是什么，母语是什么，有时会很有用的。

再比如，是否能使用英语进行沟通？

了解世界各国的节日

 世界上有很多国家，地理位置、国土面积、气候、人口、人种、语言各不相同。

我不了解的事情可真多啊！

 是啊。

但是，与过去相比，由于有了电视、互联网，我们能够获取很多全球信息了。

在平时的生活中，你们也会庆祝以往所没有的世界性节日吧？

 你是说世界性节日吗？

 比如说圣诞节，它在日本无人不知。

对于基督教来说，它是重要的日子之一。

而在基督教传入之前，日本是没有圣诞节的。

 这么说来，万圣节也不是日本的传统节日吧。

 你知道复活节吗？

 不知道，是什么节日呢？

 日本有各种各样的节日，和日本一样，世界上其他国家也有各种节日。

我们首先了解一下很多人重视的节日还是很有必要的。

圣诞节 Christmas

—— 12 月 25 日

圣诞节是大家很期待的节日之一。

在圣诞节，人们会交换礼物，吃蛋糕，装饰圣诞树。

作为耶稣基督的诞生纪念日，它在基督教是个非常重要的日子。

在日本，圣诞节变成了情侣们一起度过的节日，然而，在欧美国家，人们习惯与家人一起庆祝。

可能在他们看来，日本人不与家人一起过圣诞节是很不可思议的事情。

圣诞树原本仅用杉树制作，而现在市面上出现了五颜六色、各式各样的圣诞树。

在美国和欧洲，12 月 25 日～1 月 1 日，有很多大人放假，不过，从 1 月 2 日起就要上班了。

复活节 Easter

——4月前后

每年复活节的具体日期并不确定，是在"春分过后第一次月圆后的第一个星期日"。

大致在3月底到4月下旬。

在有的国家，复活节前后会放假。

哇！丰富多彩的节日！

复活节彩蛋就是在水煮蛋的蛋壳上彩绘各种图案。

找蛋游戏是在家里或院子里寻找藏起来的复活节彩蛋，大家会争先恐后地四处寻找，非常热闹。

万圣节　Halloween

——10 月 31 日　庆祝秋收、驱赶恶鬼的节日

提起万圣节，人们想到的往往是装饰南瓜灯，化妆后到街上狂欢吧。其实在国外，孩子们会敲开附近人家的门，说"Trick or Treat"，就能得到糖果。这句话是"不给糖果就捣蛋"的意思。这一天，大人们会准备好糖果，等待周围的孩子们来讨糖。

我做过 Jack-O'-Lantern（南瓜灯），就是把南瓜挖空，在里面放上蜡烛点燃，南瓜灯就做成了。

在日本，万圣节的化妆舞会比较有名，但要知道，这个节日是用来庆祝秋天收获的日子。为了吓走恶鬼，南瓜灯是要放在家门口的。

春节

—— 1 月 21 日 ~ 2 月 20 日左右 中国等地的农历新年

春节是在中国、新加坡最重要的节日。

农历新年就是农历的正月初一。尽管每年的具体日期并不确定，但它的前后一周会放假，庆祝活动比元旦（1月1日）更加隆重。

我爸爸跟中国、新加坡的公司有合作，所以每年都会跟他们确认春节是什么时候。

因为过春节，大家都会休假一段时间。

是啊。在日本已经没有过年气氛的时候，春节到了。所以，需要像雷伊的父亲那样有所关注。

横滨、神户的中华街也会举行庆祝活动，我和家人去过。在那里，人们把"福"字倒过来贴，是"幸福已经到了"的意思。

了解世界的文化

世界上的节日，还有很多啊。

是啊。我打算通过暑假的研究性学习来进行调查。

是啊。

节日是一个国家的人们非常重视的日子，它有什么意义？

如果对此进行研究的话会很有趣。

研究一个国家的人们重视的东西，是这个意思吗？

是的。这与互相尊重有关。

不仅节日，如果能知道彼此文化的差异，什么事情会令对方开心，什么事情会令对方反感。

我们也许就能考虑更加周到吧？

穿着鞋子进入日本的房子，会挨骂的。

在旅馆的公共空间可以穿着拖鞋行走，但在酒店的公共空间，这就是没有礼貌的行为。

可以用叉子叉食物，但是如果用筷子叉食物，就会被认为没有教养。

所以说，不了解相关的文化，往往会在无意间做出失礼的举动。

由于出生成长环境、社会文化习俗的差异，每一个人认为的"理所当然"并不一样。我认为，充分理解这一点，彼此相互包容，有时是很有必要的。

问候的差异

——鞠躬、握手、拥抱、合掌

在日本，郑重地问候时，人们会鞠躬。听说在中国，也是这样的。

世界上，习惯鞠躬的国家并不多，所以，如果外国人对你鞠躬，那说明他们学习了日本人的礼仪作法。

我们是握手、拥抱。拥抱就是轻轻地抱一下。

虽然有些日本人在握手的时候不会用力握，但在美国和欧洲国家，注视着对方，紧紧地握手是一种礼貌，人们会上下轻微摇晃一到两次。在泰国，人们会合掌（在胸前双手合十）表达问候，好像在参拜对方。是不是觉得有些不可思议呢？

就餐礼仪的差异

西餐——餐刀、餐叉从外侧、靠近手边的开始取用

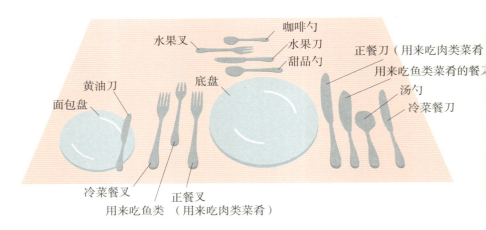

水果叉

咖啡勺
水果刀
甜品勺

正餐刀（用来吃肉类菜肴

用来吃鱼类菜肴的餐刀

汤勺

冷菜餐刀

黄油刀　底盘

面包盘

冷菜餐叉　正餐叉
用来吃鱼类　（用来吃肉类菜肴）

吃**西餐**时，**餐桌礼仪**往往会让人感到困惑，尤其是到了比较高档的西餐厅，餐桌上会有很多把餐刀和餐叉。

但是规则却很简单，刀叉是**根据出菜顺序，方便取用的原则摆放的**。

也就是说，按照前菜（冷菜）→汤→鱼类菜肴→肉类菜肴→甜品→咖啡的顺序，**左右两侧从外向内**，摆在盘子上方用来吃甜点和喝咖啡的餐具，**从自己面前**按由近及远的顺序依次取用就可以了。但要注意，**就餐时不发出声音**也是非常重要的礼仪。

中国菜——不要端起餐盘，不必吃光，可以稍稍剩一点

我最喜欢吃中国菜了！

我听说吃中国菜的时候，**不必把盘子端起来**，放在桌上吃就可以了。

用**完的盘子可以摞在一起**，这和日本料理不一样。

在中餐馆，经常会看到大圆桌，上面还有可以旋转的台子。

夹菜时，一般应**逆时针方向**转动台子。

就餐时，即使把桌布弄脏也不算失礼。

据说这种情况能够意味着菜肴很丰盛、很美味。

同样，有时也会出现**就餐者故意剩下一点菜肴**的情况。

韩国料理——不要端起餐盘

吃韩国料理的时候，也是**不必端起餐盘的**！

在韩国，**端着盘子或者碗就餐，是一种非常没有教养的行为。**

吃韩国料理的时候，要把盘子放在桌上，不能端起来。

就餐时，**女性可以盘腿坐着**，但日本人会对此感到十分惊讶！

印度——用右手取餐，很多人不食用肉类

在印度，人们有"左手不净"的观念，认为左手是污秽的。

就餐时，人们会尽量不使用左手。

印度人中素食主义者很多，他们的特点是饮食以蔬菜为主，不食用肉类。

在印度，人们把咖喱涂在一种叫做馕的面包上吃，或者拌着米饭一起吃。

在日本的印度菜馆里，人们都是用勺子吃咖喱和米饭的。

但在印度的南方地区，人们**习惯于用手抓饭吃**，用右手的手指把咖喱和米饭拌好，挖取一口大小的咖喱饭放进嘴里。

如果不习惯这种吃法，你也许会感到一些困扰。

印度人认为，**别人的嘴巴沾过的东西是不净的**，所以他们不能接受用同一只杯子轮流喝，或者品尝别人盘子里的食物。与印度人吃饭的时候，你一定要注意这些方面。

动作的差异
是 / 不是

上下点头表示"是"，左右摇头表示"不是"。你是不是认为，这两个动作在全世界都是通用的？

实际上，在有些国家，可不是这样的哟！比如，在印度，表达"不是"的动作是一样的，但表达"是"的动作却不是点头，而是眼睛看正前方，脖子左右倾斜。

这个动作与我们表达"不是"的动作相似，很容易引起误会。

我好惊讶呀！脖子左右倾斜居然是"是"的意思。

在保加利亚，表达"是"和"不是"的动作正好相反，这一现象也很有名，即摇头表示"是"，点头表示"不是"。

不能做的动作

在日常生活中，我们有时会随意地用大拇指和食指摆出一个圆圈，表示"OK"的手势，但在巴西，这个手势有侮辱对方的意思，是不能做出来的。

在印度、尼泊尔、泰国，人们认为神明们会居住在人的头顶上。
因此头顶是神圣的场所，所以不能摸别人的脑袋。
一旦你不小心摸了小孩子的头，他们会对你非常反感。

和日本一样，在很多国家，人们认为用一根手指指着别人是不礼貌的，所以要注意避免这样的动作。
在招呼别人的时候，美国人是手心朝上招手，而在中国和印度等国家，这种动作却是不礼貌的，你们要记得手心朝下招手哟！

对颜色的感觉

在日本，表达"你脸色真不好"的意思时，人们用"脸色发青"，"脸色发白"来形容。但这并不是全世界所通用的。在中国，形容脸色不好所使用的颜色大多与日本相同；但在西班牙和巴基斯坦，用黄色来形容脸色不好；在法国，用绿色来形容脸色不好。

绿色？听起来感觉身体特别不好。

在日本，提到高贵的颜色，你的脑海里会浮现出紫色吧？在圣德太子的时代，人们用服装的颜色来表示不同的身份，最高等级官员的官服是紫色的。而在一些国家，黄色是高贵的颜色，特别是中国，黄色是皇帝专用的颜色。

新加坡人在庆典场合，一般会避免使用白色、黑色和蓝色。所以说，不同国家的人对于颜色的感觉是不一样的。

国民性

人们的性格千差万别，与**国民性**不一定完全吻合。这里的国民性是指"**一个国家的人们通常普遍具有的性格倾向**"，参考如下：

日　本	勤劳、坚韧、温和、守时、礼貌。
	表达想法比较含蓄。
美　国	表达想法直截了当。
英　国	注重礼仪、规矩，不干涉他人事务。
法　国	对本国语言、文化引以为豪。
	重视自我意识和个人生活，不喜欢集体活动。
意大利	南北不同，据说南方人较开朗，北方人较坚强。
	相比国家，更重视自己的家乡。
德　国	勤劳、坚韧、温和、守时（与日本人相似）。
西班牙	国民性有地区差异。相比国家而言，更重视自己的家乡。
	时间观念较松散。
俄罗斯	忍耐力强，较严肃，不苟言笑。
	心胸豁达，表达想法直接明了。
中　国	重视家庭和朋友。表达意见直截了当。
韩　国	重视上司和地位比自己高的人。能够明确地表达自己的想法。
印　度	重视家人和朋友，能够体谅他人。
泰　国	被称为微笑的国度，人们温和而稳重。
菲律宾	温和，能够体谅他人。与泰国人相似，始终保持笑容。

了解其他国家的各种方法

外国文化，往往有很多地方让我们感到惊讶。

真的呀！我现在明白了，我们眼里的"理所当然"，在世界其他国家的人们看来，有时并非如此。

是啊，通过互相理解彼此的文化和习俗，你就能够明白对方行为的意图，进而理解对方的心情。

我们就会明白，做了这样的事情，对方会感到很惊讶，做了那样的事情，对方会感到很不高兴，诸如此类，你就更容易与他们友好相处。

所以说，我想多了解一些情况。

想了解其他国家，我们可以借助各种各样的方法。

即便不去国外，我们也可以通过书籍和互联网来收集信息；各国大使馆和旅游局也会积极地发布信息，举办有关活动，向人们推广宣传本国的情况。

我曾经去过一个介绍世界各地食品的展销会，可以试吃很多食物，可开心啦。

各国大使馆和旅游局大多设在东京，即便你不去，也可以到它们的网站上查询有关信息。对于自己感兴趣的国家，你们不妨去研究一下。

了解其他国家的方法和了解本国的方法是一样的：

到图书馆等地，查阅书籍；

通过电视节目特辑或者借助互联网进行了解；

向去过那些国家的人打听；

参加各国大使馆、旅游局举办的国际交流活动，亲自去实地考察等等。

大使馆和旅游局的网站上有很多宣传信息，观看其中的图片和视频会让你更容易了解其他国家！

我也想试着调查一下。

电视上也有很多涉及国际文化差异的综艺节目。

从全球化角度进行思考

我深深地感到，不同国家和地区之间存在着差异。

大使馆和旅游局的网站上有很多图片，非常有趣。

理解彼此间的差异，这对大家在未来世界舞台上施展身手非常重要。

如果已经能够做到理解彼此间的差异了，那么我们来试着从全球化角度进行一些思考吧。

全球化是不是世界整体的问题呢？

尽管国家、地域、文化各不相同，但我们都是世界中的一员。

从全球化角度思考问题，大家互相配合、互相帮助，就能解决很多问题。

您告诉过我们，保护地球环境需要全世界的所有人共同努力。

维护世界和平同样如此。

我认为如果不从全球化角度进行思考，就无法消除战争。

仅仅依靠一个国家的力量来救助受到贫困、灾害和疾病困扰的群体，无论怎样去救助，也许都是很难做到的。

但是，我们能做些什么呢？

在思考这个问题之前，我们首先来探讨一下，怎样的问题应该从全球化角度进行思考？

联合国是

为了维护**世界和平与安全**

而成立的具有代表性的组织。

为了解决**经济、社会、文化、人权**等国际性问题，

世界各国相互协作， 共同努力。

致力于解决国际性问题的组织数量众多，其中最具代表性的就是联合国。
为了世界的和平与安全，许多国家都加入了联合国。当然，日本也是其中的一员。

在联合国成员国中，既有大国也有小国，既有穷国也有富国，但它们都具有平等的发言权，在表决有关问题时享有平等的表决权。

联合国致力于解决需要全世界人们共同协作的国际性问题。

为此，各国政府间的相互合作必不可少，全世界的民间企业也在贡献力量。

为了将联合国的有关活动更加浅显易懂地宣传出去，设置了联合国信息中心。他们在网站上载有面向儿童、初高中生的介绍信息，试着利用一下。

联合国信息中心
http://www.unic.or.jp/

联合国向全世界的民间企业呼吁，针对人权、劳动、环境、反腐（不利用工作索贿或行贿）等四个主题，希望它们能够在这些方面积极行动。

这称为"联合国全球公约"，其中有十项原则。

大家是否觉得有些难以理解？

详细情况请到相关网站查阅。

UNICEF ——UNICEF 联合国儿童基金会

联合国根据不同主题，下设 30 多个关联机构，这些机构各自开展工作。其中，联合国儿童基金会（UNICEF）致力于保护全世界儿童的生命与健康。该基金会网站上公布了世界各国儿童的生存状况、联合国儿童基金会活动情况的介绍信息，建议大家去浏览一下，一定会找到我们力所能及可以去尝试的事情。

UNICEF – 联合国儿童基金会日本协会
http://www.unicef.or.jp/

UNESCO ——联合国教科文组织

联合国教科文组织（UNESCO）致力于在教育、科学、文化等方面，促进世界各国之间的合作与交流。

为了推动全球可持续发展，我们每个人都应将世界性的问题，作为我们自己的问题来看待和思考，并力所能及地付诸实践。

以此为目的的教育就是 ESD 教育，目前我们正在推进相关工作。在本书中，大家所学习的就是这方面的内容。

联合国教科文组织日本国内委员会（文部科学省）
http://www.mext.go.jp/unesco/index.htm

ESD 可持续发展教育（文部科学省）
http://www.esd–jpnatcom.mext.go.jp/index.html

致各位指导者以及监护人
第4章 总结

 为了与世界各地的人们加深理解，我们有必要关注其他国家的情况，一边思考它们与本国文化的不同之处，一边进行学习研究。通过这方面的学习，你会意识到自己所理解的常识并非世界性的常识。

【学习要点】

- **基本信息** 　　　　　国家的地理位置、面积、气候、人口等。
- **一年中的主要节日** 习俗、各个季节中的节日，重要的节日、祭祀活动。
- **传统文化** 　　　　　体育运动、表演艺术、服装、食材及菜肴、住宅、礼仪。
- **主要城市** 　　　　　历史、主要设施、观光景点。

 在第4章中，我们帮助孩子们树立了向世界各国人们学习的观点，列举出几个有特色的文化示例，加以学习研究。我们要指导孩子们理解文化的多元性，即"世界上有各种各样的国家，它们拥有不同的文化"，并激发他们的学习兴趣，使他们产生"真有趣啊！我还要多了解一些"的想法。

　　有地球仪的家庭有多少呢？尽管望着平面的地图想象世界也很有趣，但一边转动地球仪，一边让孩子直观地理解位置关系也是很好的方法。当家长与孩子的话题中出现其他国家的时候，比如说，国际性体育赛事的对方国家，电视新闻里出现的外国城市，学校的外教、留学生的家乡等，如果家长能够一边转动地球仪，一边和孩子一起研究它与日本的位置关系，这会让孩子更容易理解。"纬度在这儿，跟日本〇〇地区的气候相近吧？""经度在这儿，比日本的时间要晚。时差有多少个小时呢？"家长通过这些提问来引导孩子们去不断地探索。

　　世界各国的文化、礼仪，都会有这个国家的独特之处，其中很多会令我们惊讶不已。大家不妨在暑假开展相关的研究性学习。学习其他国家的文化，不但有利于我们与该国的人们进行良好的交流，并且通过与日本的比较研究，能够帮助我们更深入地理解自己的国家。"有些事尽管在日本是理所当然的，但从全球化视角观察，会发现日本的情况才是与众不同的""以前熟视无睹，现在才发现日本在这些方面好厉害啊""在这方面，日本做得还不够，但其他国家做得很好"——了解了其他国家，开阔了我们的视野，会让我们更清楚地了解自己的国家。将学习本国文化和学习外国文化结合起来，会让我们更好地从全球化视角，把自己的国家作为世界一员来看待。

开始对话吧

你开始了解世界了吗？
那么，试着开始对话吧。
因为带着自己的想法，
与很多人对话，
是我们迈向世界的第一步。

和谁说话？

"全球化应变力"，我第一次听到这个词的时候，觉得有些难以理解。

但现在，我对自己的国家、其他国家，越来越感兴趣了，也觉得很有意思。

在世界舞台上大显身手，并不一定要去国外，而是不管你去到哪里，都能作为世界的一员来行动。

我浏览了联合国的官方网站后，发现世界上有很多仅靠一国之力无法解决的问题。

与各个国家的人们友好相处好棒啊！

相互合作，解决问题需要友好相处，对吧？

你们三个人都开始成为具有全球化应变能力的人了。

但是，仅仅掌握知识是不够的，你们还要尝试着去与各种各样的人们对话。

我跟辛蒂练习英语。

我没有其他外国朋友。

即使没有外国朋友，跟外国人交流的机会还是有的吧？

或者和熟悉外国文化的人、能够说外语的人交流。

其他还有吗？不管怎么说，尝试去做是很重要的。

是吗？也可以与本国人交流！

那我就跟爸爸练习练习吧。

在日本留学的外国人；

在外国生活过的日本人；

会说外语的家人、朋友、老师；

外国餐馆的外籍员工等；

懂外语或者对外国文化非常了解的人。

大家不妨试着与上述这些人积极地对话吧。

无论对方是外国人，还是日本人，都没关系。

只要周围有懂外语或者对外国文化非常了解的人，

你就积极地跟他们对话，进行练习吧。

如果有曾经在外国生活过的日本人朋友，也可以向

他们请教在那个国家生活的情况。

当然，突然向陌生人搭话是不大合适的。

即便都是日本人，也不会随意地找陌生人搭话吧。

和家人到外国餐馆吃饭时，你最好能对餐馆的外

籍员工用他们国家的语言说"你好""真好吃啊"。

这样搭话也许比较自然一些。

轻松地试着做

我跟会说英语的家人、朋友、老师练习没什么问题，但要跟餐馆的外籍员工搭话，就会很紧张。

有关话语，你必须大胆地讲出来，即使反复出声练习很多次也不能一蹴而就。

刚开始，你可能会因为害羞而说不好吧。

我刚开始说日语的时候，也很紧张，心怦怦直跳。

只要你能用外语打招呼，其他方面还可以通过肢体语言来表达，相信总会有办法进行交流。

说得对。

即便外国人用英语与你交流，但他们未必擅长英语，因为你们所遇到的外国人并不都以英语作为母语。

有时候，你们双方可能一句英语也说不好，但也没关系。

不要想着要说得很好，你还可以借助肢体语言，想方设法地表达自己的想法。

总之，放松心情大胆地去尝试吧。

重要的是要克服害羞心理，进行大量的练习。

露出笑容，放松心情，大胆尝试一下吧。

只要你努力去表达，对方总会明白你的想法。

对话手段主要有：

语言、图画、文字、肢体语言、
表情、声音等多种多样的手段。

即便外语说得不够好，也希望你能放松心情，大胆尝试。

希望你能够多说外语，习惯用外语与外国人交流。

我的日语说得不够好，你能明白吗？

嗯，我能明白。你只要说出单词，我就大致能够猜出你的意思。

实际对话之后，

你会知道"这种时候是要这样说的"，

"这个的意思是这样的"，你会记住新的

单词。

你会想去了解更多，你的外语也会变得更好。

你知道的单词会逐渐增多，你的英语也会说得更好了，你还能记住介绍日本文化时需要用到的英语词汇。

我想，在尝试用英语对话之后，你就会更愿意去学习英语了！没有语言障碍的交流，会让你感到很开心的。

据说，日语中有些单词直接用日语发音，对方也能够明白。例如，寿司、寿喜烧、天妇罗、剑道、柔道、歌舞伎、能剧等等。"好可惜""好可爱"作为日本文化流行用语，在国际上也广为人知。

试试看吧！

练习一下外语对话吧。

我们一起来玩不许说母语的传话游戏吧。

不使用外语，就无法适应外语表达。

就当玩游戏，和几个朋友一起试试吧。

1. 5 人以上结成一组

   可以有多个小组，但是每组的人数要一样。各小组决定传话顺序后，除第 1 个人和第 2 人，其他的人都到屋外等候。

2. 队长决定传话内容

   队长不属于任何小组。队长决定传话内容，把传话内容写在纸上，为每组准备一张，传话内容必须完全一样。【例】昨天下了很大的雨，我穿着长靴出了门。

3. 把传话内容交给每组的第一个人

   队长把写有传话内容的纸条交给每组的第一个人，要求他们在所有组拿到纸条之前，不得打开纸条。所有组都拿到纸条后，游戏开始。纸条不得给别人看。

4. 按顺序传话

   第一个人传话给第二个人。禁止说母语，只允许说外语。传话时要避免被其他组成员听到，小声说，或者在房间里尽量拉开和其他组成员的距离。也可以用肢体语言加以补充。传话给第二个人后，叫第三个人进来，由第二个人向第三个人传话。以此类推，第三个人向第四个人、第四个人向第五个人传话。

5. 最后确认传话的内容

   所有组的传话都结束后，或者，最初规定的传话时间截止后，游戏终止。然后，确认各组的传话内容是否准确。最后，再依据传话速度、传话的准确性、小组成员的参与情况等方面，大家一起商议，评定出最终获胜小组。

带着自己的想法前进

 与来自不同国家、地域、文化的人们进行交流，是需要勇气的。但你不要把这方面想得过于困难，大胆尝试很重要。

如果能够相互理解、共同合作就太好了！

在认同彼此差异的基础上，传递彼此的想法，积极主动地交谈，这才是真正具有全球化应变能力的人。

如果大家不把本国或本地区的做法强加于人，而是友好协商，那么世界会变得更加和谐。

"我是这么想的，你是怎样想的呢？那么，我们就这么做吧"，通过交流，找到最好的方法。如果能够这样做就好了。

也就是说，你应该清晰地表达自己的想法，耐心地倾听对方的话语，然后进行交流。

是啊。

日本人容易互相谦让，重视对他人的体谅之情，但是不太擅长明确地表达自己的想法。

有时，不清楚地说出来，就不能向对方传递你的想法。

无论在世界的任何地方，无论做任何事情，带着自己的想法去做，都是非常重要的。

希望大家都能做到这一点，独立思考，积极行动，不断前行！

无论是与外国人，还是与日本人，在与各种各样的人合作共事时，你都要坚定自己的想法。独立思考，并把自己的想法向对方表达，进而采取积极行动，这样的人，到世界任何地方都能成为大展身手的人。

合作共事时，仅限于打打招呼、处好关系是远远不够的。日本人的国民性格中有较高的合作性，比较善于配合他人。带着体谅之心，顾及对方的感受，这固然重要，但无论什么事都一味地去配合对方，这并不是什么好事。我希望大家不要被周围人所左右，在任何时候都能好好地思考自己是怎样想的，打算如何去做。

日本人之间，即便不说也能够做到心有灵犀、互通想法，但其他国家的人未必能够做到这一点。建议大家还是把自己的想法用语言明确地表达出来吧。

带有自己的想法并不代表固执己见。
在与形形色色带有不同想法的人
交流的过程中，你会发现

"竟然还有这样的想法！"

据说在英国和美国，孩子们从小就会接受辩论训练，老师给出一个主题"……是应该的"，根据"是这样的""不是这样的"分成两派进行讨论（大家都说出看法及理由）。这就是一种辩论练习，孩子们分成小组来讨论发言，与个人意见无关。最后由裁判裁定哪一队的发言更有说服力，判定胜负。

由于要决出胜负，双方会进行激烈论战。但是，学校组织学生练习辩论的目的，并不是要否定对方的意见，或者打败对方，而是为了让孩子们学会理性思考，懂得不同的立场会引发不同的想法。所以，在某场主题辩论确定胜负之后，时常会互换立场再进行一次辩论。从第一场"正方"向第二场"反方"转换的过程中，孩子们能够体会到不同的思考方法。

在法国，有一种活动叫"哲学咖啡"，它发源于巴黎，现在已经传到了日本。活动参与者不仅有哲学家，也有普通人，他们聚集在一起，进行哲学领域的对话，也就是围绕各种各样的主题进行深入交流，从真实、爱、和平等大的主题，到我们的身边小事。甚至有些幼儿园也在进行这方面的尝试。我认为这也是一种培养独立思考能力的训练。

儿童哲学 成人哲学 林林总总
http://www.ardaco.com/

哲学性谈话与一决胜负的辩论，以及需要得出结论的讨论不同，它是一种无需得出结论的对话。在哲学性谈话中，有时会针对成人也不知道结论的主题，进行深入对话。比如"幸福是什么？""爱是什么？""善良是什么？"大家似乎都知道答案，但真正交流起来才明白，对此每个人都有不同的见解。通过这一活动，能够让我们认真倾听他人的意见，同时在对话过程中，我们自己也会进行深度思考。

了解各种各样的想法，
不惧怕自己的改变，
这也是具有全球化应变能力的人。

与他人对话，就意味着接触各种各样的想法，这会成为促进我们自身成长的契机。

我们的想法也会随之发生变化。

也许，成为与以往不一样的自己，你需要一些勇气。

但是，大家将要面对的未来正是一个全球化对话的世界。

不惧改变，勇敢前行吧！

好的！

我要尝试一下！

我会加油的！

致各位指导者以及监护人
第5章 总结

学习外语，学习本国和其他国家的文化，进行对话练习。归根结底，提高外语的秘诀就是应用外语并多加练习。此外，无论对方是外国人还是本国人，你们在与各种各样的人对话沟通、合作共事的时候，带着自己的想法去做是非常重要的。

在第5章，我们鼓励孩子们将所学的知识以轻松的心态进行实际运用。并且，在与各种各样的人交流的时候，不仅要说好外语，还要带着自己的想法去做，这也是很重要的。

孩子们即使在头脑里储备了国际化素养方面的知识，但要将全球化应变能力发挥出来，唯有通过大量实践。外语如果不加以练习，就很难提高。老师们、家长们，希望你们能够为孩子创造实际应用外语的机会，支持他们多多练习外语。如果是几个孩子一起学习外语，可以一边学习一边去玩本书中介绍的传话游戏。如果有能够接触到外国人的机会，不妨参加一下相关活动，也可以让孩子们参加一些政府部门、非营利组织在各地区举办的国际交流活动。

无论是外国人还是本国人，在与各种各样的人交流的时候，语言障碍固然很大，但是从一开始就"带着自己的想法去做"最为重要。如果没有任何自己的想法，当被问到"你是怎么想的？"，就会答不上来。日本人经常被其他国家的人认为"很害羞"，这既有外语不好的缘故，也有思路不清、言不达意的缘故，也许两者兼而有之吧！其实，后一种情况更为严重。那些性格上容易顺从周围环境的人以及没有主见的人，他们在日本国内不觉得什么，但突然置身于外国人的群体中，就会感觉无依无靠、无所适从了。

提升孩子思维能力的教育，有很多国家做得很好，但对日本的学校却是一个很大的课题。根据现行的小学学习指导大纲，学校在"综合学习时间"里，要努力培养孩子们独立思考、自主行动解决问题的能力。在家庭教育中，希望家长们能够在日常生活里，向孩子们提出问题，让孩子们独立思考，并阐述自己有此想法的原因。

本书中介绍的哲学对话能够让我们深入思考事物，并接触多种想法，进而重新审视自我，这是一种有趣的活动。商务人士习惯于在有限时间内，通过讨论来总结意见、得出结论，也许他们会觉得不追求结论的哲学对话新鲜有趣。这种对话方式能够让人们充分交流，深入思考。也许你身边没有可以亲身体验的场所，但是如果有机会的话，学习这种对话方式，与家人、朋友进行深入的交流，也是非常好的。

结束语

　　培养孩子们"国际化素养""全球化应对能力"方面的学习，大家觉得怎么样呢？

　　您是否已经与孩子愉快地尝试过了？

　　在本书中，我们想传递的内容很简单，就是教育孩子"拓展自己的世界""作为世界一员，带着自己的想法生活下去"。

　　外语作为沟通交流手段非常重要。如果让孩子们从小就熟悉外语，消除用外语和外国人交谈的抵触情绪，他们的外语能力会快速提高。不仅如此，无论在国外还是在国内，孩子们都要具备以自己的风格和想法，与各种各样的人沟通交流的能力。若没有自己的想法，人云亦云，这在国际化环境中是行不通的。

　　那么，怎样才能拥有自己的想法呢？自己的想法是在经过大量学习之后才能产生出来的。无论是学习外语，还是学习本国和外国的地理、历史、文化、政治，我们的目的都是为了开阔视野、拓宽眼界、深入思考。其实，一个人的成长不是仅仅基于少量知识进行思考得来的，而是通过学习大量知识、与他人对话交流，并接触不同观点之后，进行深入思考才实现的。

　　这不仅是一个人的全球化应变能力，也是他的生存能力。对一个人来说，拥有自己坚定的想法，并使之成为他的核心价值，这会与他的自信密切相关。本人在大学开设了"生活方式、工作方式"课程，与学生进行对话交流，我曾经与学生谈论过"拥有自信""成为值得信赖的自己"等话题。提及"拥有自信"，也许会给人一种"自信满满"的印象，但我认为这蕴含着一种祈祷的心情：坚定自信，并为了成为值得信赖的自己，一步一步不断前行。

　　如果通过这本书的学习，能够帮助作为世界一员、肩负未来希望的孩子们在人生的旅途中活出自己的风采，我将感到无比的喜悦。

　　最后，我衷心感谢您的阅读。

山崎 红

文部科学省学习指导要领

本书以中小学生为对象。为了实现家长与孩子共同学习，从小学低年级开始，就可以让孩子进行小学学习指导大纲中"外语活动"部分的学习。并且，由于初中以上孩子的学习重点，已经转移到了中学学习指导大纲"外语学习"部分的英语学习上，因此可将本书作为全球化应变能力综合学习的辅助读物，加以灵活使用。小学学习指导大纲（2008 年 3 月修订，2011 年 4 月全面实施）中的"外语活动"从小学 5 年级开始，标准课程学时为一年 35 小时。下面介绍其概要。

● "外语活动"目标（全文）

通过外语学习，加强学生对语言和文化的体验理解，培养形成积极交流的意识和态度，习惯和亲近外语的语音和基本表达方式，为培养交流能力打下基础。

● "外语活动"内容（概要）

1. 实现用外语积极交流（本书第 2 章）

（1）体验用外语愉快交流。

（2）积极地听、说外语。

（3）理解用语言进行交流的重要性。

2. 加强对日本、外国的语言、文化的体验理解（本书第 3 ~ 5 章）

（1）习惯和亲近外语的语音或节奏，了解外语与日语的不同之处，感受语言的趣味性和丰富性。

（2）理解日本与外国在生活、习惯、节日等方面的不同之处，意识到有多样的视角与看法。

（3）体验与来自不同文化的人交流等，加强对文化等的理解。

而且，在小学阶段的英语学习中，设置打招呼、自我介绍、购物、就餐、问路、家庭生活、学校的学习及活动、当地的节日活动、孩子们的游戏等场景，推荐与交谈对象友好相处、表达心情、叙述事实、说明想法及意图、催促对方采取行动等这一类的功能用语。

文部科学省学习指导要领

http://www.mext.go.jp/a_menu/shotou/new-cs/youryou/1356249.htm

图书在版编目（CIP）数据

正面教养：亲子共读，妈妈有眼界，孩子就有大格局 /（日）山崎红著；崔磊译 . -- 南京：江苏人民出版社，2020.11
ISBN 978-7-214-24127-6

Ⅰ . ①正…　Ⅱ . ①山… ②崔…　Ⅲ . ①家庭教育—儿童教育
Ⅳ . ① G78

中国版本图书馆 CIP 数据核字（2019）第 252618 号

江苏省版权局著作权合同登记号：图字 10-2019-565 号

OYAKO DE MANABU KOKUSAI KYOYO GA MINI TSUKU HON
written by Akashi Yamazaki
Copyright © 2016 by Akashi Yamazaki. All rights reserved.
Originally published in Japan by Nikkei Business Publications, Inc.
This Simplified Chinese edition was published by Beijing ZiYun WenXin Books Co.,Ltd.
in 2019 by arrangement with Nikkei Business Publications, Inc. through Qian TaiYang Cultural
Development (Beijing) Co.,Ltd.

正面教养：亲子共读，妈妈有眼界，孩子就有大格局
山崎红（著）
本书最初由日本日经 BP 在日本出版，版权归山崎红所有，并保留所有权利。

本作品简体中文版于 2019 年经由日本日经 BP，委托千太阳文化发展（北京）有限公司代理，授权给北京紫云文心图书有限公司独家出版发行。
非经书面同意，不得以任何形式重制、转载。

书　　　　名　正面教养：亲子共读，妈妈有眼界，孩子就有大格局
著　　　　者　[日] 山崎红　　插图　Akiko Akiba
译　　　　者　崔　磊
责 任 编 辑　石　路
封 面 设 计　留白文化
版 式 设 计　张文艺
出 版 发 行　江苏人民出版社
出版社地址　南京市湖南路1号A楼，邮编：210009
出版社网址　http://www.jspph.com
印　　　　刷　天津光之彩印刷有限公司
开　　　　本　880 毫米 ×1230 毫米 1/32
印　　　　张　4
字　　　　数　45 千字
版　　　　次　2020 年 11 月第 1 版　2020 年 11 月第 1 次印刷
标 准 书 号　ISBN 978-7-214-24127-6
定　　　　价　45.00 元